더 늦기 전에 내 마음을 알아주고 싶어서

나의 첫 심리상담

더 늦기 전에 내 마음을 알아주고 싶어서

나의 첫 심리상담

로버트 드 보드 지음 · 김은영 옮김

COUNSELLING FOR TOADS:
A Psychological Adventure

이 책에 대하여

　토드는 케네스 그레이엄의《버드나무에 부는 바람》에 등장하는 잘 알려진 캐릭터다. 그런 토드가 매일 우울증으로 힘들어하자 절친한 친구인 랫과 몰, 배저는 토드가 "혹시라도 어리석은 짓"을 하지 않을까 걱정이 이만저만이 아니다.

　일단 친구들은 토드를 보살폈다. 그러곤 괜찮아질 거라고 토닥였다. 그다음엔 마음을 추스르라고 제법 단호하게 타일렀다. (중략) 배저는 더 이상 참을 수가 없었다. 동물들에게 존경받고 있는 배저는 한참을 이야기한 끝에 결국 참을성이 바닥나버렸다.

"이봐, 토드. 더 이상 안 되겠어. 우린 모두 널 도우려고 애쓰고 있는데 정작 너는 도무지 나을 생각을 하지 않잖아. 이제 다른 방법이 없어. 상담을 받아보는 수밖에!"

토드의 상담 경험을 흥미롭게 다룬 로버트 드 보드의 이 책은 심리상담과 그 과정에 관심 있는 사람들이 연일 늘어나고 있는 상황에서 독자들의 마음을 사로잡을 것이다. 전문 상담사인 왜가리 헤런은 상담기법으로 교류분석(미국의 정신과 의사 에릭 번이 개발한 상담과 심리치료 기법— 옮긴이) 이론과 용어를 사용한다. 토드는 열 번의 상담을 통해 헤런과 대화를 나누며 자신의 감정을 분석하고 정서지능을 키워나가는 법을 배운다. 그 과정에서 자신이 가진 '반항적인 아이'의 모습과 '어른'의 모습을 마주한다. 또한 마지막 부분에서는 본연의 당당하고 멋진 모습으로 완전히 새로운 모험을 시작한다. 토드를 통해 독자들은 자기 자신에 대해 알게 되고 나아가 심리적 성장과 발전의 길로 들어설 수 있다.

이 책의 저자인 로버트 드 보드는 다음과 같이 말한다.

토드의 이야기는 20년에 걸쳐 제가 실제로 상담한 사람들의 경험담입니다. 《나의 첫 심리상담》은 제가 겪은 수많은 상담의 종합 선물 세트이자 현실에서 상담을 하며 깨달은 진리의 결정체를 담고 있습니다.

《나의 첫 심리상담》은 상담을 공부하고자 하는 사람이든 상담을 받고자 하는 사람이든 전문 상담사든 모든 이에게 적합한 입문서이며, 어른 아이 할 것 없이 전 연령대가 재미있게 읽을 수 있는 책이다.

《버드나무에 부는 바람》이란

하고 싶은 건 다 해야 직성이 풀리는 토드. 어느 날 토드는 충동적으로 몰과 랫을 데리고 마차 여행을 나섰다가 지나가는 자동차를 보고 순식간에 홀려버린다. 부모님에게 물려받은 유산으로 풍족한 생활을 누리고 있던 토드는 크고 비싼 차를 당장 사들여 몰고 다니는데, 운전을 제대로 배우지 않은 탓에 계속해서 충돌사고를 일으킨다.

토드가 걱정된 몰과 랫은 이 문제를 해결하기 위해 배저를 찾아가 도움을 구한다. 배저는 토드가 더 이상 사고를 치지 못하도록 엄하게 꾸짖고는 방에 가둬버린다. 하지만 태도를 고칠 생각이 전혀 없는 토드는 친구들을 속여 탈출하고, 급기야 자동차를 훔쳐 달아나기까지 한다. 이성을 잃고 충동에 완전히 지배당한 채 정신없이 차를 몰던 토드는 결국 경찰에게 붙잡혀 재판을 받고 감옥에 갇힌다.

축축하고 냄새 나고 시끄러운 지하 감옥에 갇힌 토드. 허영심 많고 허세 가득한 토드는 간수의 딸을 꾀어 세탁부로 변장해 감옥을 탈출한다. 마음씨 착한 기관사를 속여 기차를 타는 데 성공하지만 토드를 쫓아온 경찰 때문에 강제로 낯선 숲에 떨어지고, 뱃사공의 말을 훔쳐 판 돈으로 배를 채우고 여비를 마련하는 등 후회와 사고와 도망을 거듭하는 험난한 여정이 이어진다.

갖은 고생 끝에 겨우 강둑 마을로 돌아온 토드에게 마지막 고난이 기다리고 있었으니, 토드가 없는 사이 부모님에게 물려받은 소중한 유산인 토드 홀을 족제비들이 점령해버린 것! 배저가 지휘하고 몰과 랫, 토드가 따르는 가운데 토드 홀 탈환 작전이 마침내 시작되고 네 친구가 힘을 모아 족제비들을 무찔러 토드 홀을 되찾는다.

《버드나무에 부는 바람》은 영국 작가 케네스 그레이엄이 아들을 위해 쓴 동화로, '해리 포터' 시리즈를 쓴 J. K. 롤링이 어릴 때 가장 기억에 남는 작품이라고 꼽을 정도로 인기가 많고 유명하다. 자동차와 마차가 공존하는 20세기 초 영국 시골을 배경으로 강과 숲에 사는 두꺼비 토드, 두더지 몰, 물쥐 랫, 오소리 배저 등 네 친구를 둘러싼 흥미진진한 모험담이 펼쳐진다. 다채로운 캐릭터와 풍성한 이야기를 아름다운 문장으로 풀어낸 이 작품은 1908년에 발표되어 100년 이상이 흐른 지금까지도 전 세계에서 널리 사랑받으며 고전으로 자리 잡았고, 국내에서도 각종 권장 및 추천 도서로 선정되었을 뿐 아니라 뮤지컬로도 만들어졌다.

캐릭터 소개

• **토드(토디)** : 와일드우드 숲 너머 거대한 저택 토드 홀에서 혼자 사는 두꺼비. 뭔가 새로운 것을 보면 바로 사랑에 빠져서 물불 가리지 않고 몰두하는 성격인 데다 고집을 부리기 시작하면 아무도 말리지 못한다. 마차에 빠졌을 때는 다짜고짜 친구들을 마차에 태워 여행을 떠났고, 근사한 자동차에 빠졌을 때는 무턱대고 운전을 하고 다니다가 끊임없이 충돌사고를 일으켰다. 스스로 돈 많고 잘생기고 인기 있고 너그럽다고 굳게 믿고 주목받기 위해 끊임없이 농담을 던지거나 재치 있는 행동을 하려 하지만, 실상은 충동적이고 어리석은 행동을 남발해 항상 친구들이 걱정하는 존재다. 그런 토드가 감옥에 갇히고, 탈옥했다가 경찰에 쫓기고, 못된 족제비들에게 집을 빼앗기는 등 갖은 사건 사고를 겪은 후에 어쩐 일인지 두문불출하기 시작한다.

• **헤런** : 마음속에서 길을 잃은 동물들에게 심리상담을 해주는 왜가리. 우울증에 빠진 토드와 열 번의 심리상담을 진행하면서 토드의 어린 시절과 내면을 들여다보는 여정을 돕는다. 토드에게 끊임없이 질문을 던져서 그를 짜증 나게 하지만, 차분하고 꿋꿋한 태도로 토드와의 상담 시간을 충실히 채워간다.

• **몰(몰리)** : 따분한 땅속 세상이 지겨워져 강둑 마을로 나왔다가 그대로 눌러앉아 살고 있는 두더지. 강둑 마을과 와일드우드 숲 등 바깥세상의 모든 것에 호기심을 표현한다. 판단력이 빠르고 현명해서 친구들에게 도움을 준다.

• **랫(래티)** : 평생을 강과 함께해온 물쥐. 어느 날 우연히 강으로 놀러 나온 몰을 만나 함께 살게 된다. 보트를 탄 채 물놀이를 즐기거나 짤막한 노래를 부르고 시를 읊는 게 취미다. 안정적인 삶에 충분히 만족하고 있지만 워낙 착하고 거절을 어려워하는 탓에, 모험을 좋아하는 몰과 토드에게 자주 휩쓸린다.

• **배저** : 와일드우드 숲 한가운데 사는 오소리. 토드의 아버지와 친구 사이였다. 분명하고 단호한 태도로 언제나 동물들을 도와주려 애쓴다. 동물들도 배저를 은근히 두려워하고 어려워하면서도 그의 조언이라면 믿을 만하다고 생각한다.

차례

1

몰, 힘들어하는 토드를
발견하다

안으로 들어서자 지금껏 본 적 없는,

한없이 슬퍼 보이는 토드가 있었다.

항상 크게 뜨고 있던 눈은 반쯤 감긴 채 흐리멍덩했다.

"어서 와. 집이 난장판이지? 그런데 지금 내 기분이 별로라서."

토드가 와락 울음을 터트렸다.

강둑의 날씨가 변하고 있었다. 전에 없던 불길한 기운이 공기 중에 감돌고 들판 위로는 먹구름이 무섭게 드리웠다. 새 두서너 마리가 정체 모를 노래를 부르며 울타리 너머로 휙 지나갔다. 평소에는 꽥꽥거리며 싸워대던 오리들도 갈대밭 사이에 자리를 잡고 앉아 가장 거센 공격만 겨우 맞받아칠 뿐 심드렁했다. 시커먼 강물만이 언제나 그랬듯 다른 듯 같은 모습으로 어떤 동물에게는 경계선인 척 또 다른 동물에게는 큰길인 척 굽이쳐 흐르고 있었다. 무시했다간 위험하기 짝이 없는 억눌린 에너지와 힘을 뿜내며.

이런 음산한 날씨에 두더지 몰은 밖으로 나가기로 마음먹었다. 솔직히 말해 물쥐 랫과 같이 사는 게 뭐랄까 싫증 났다기보다 다소 불편해졌다. 한편으론 미안한 마음도 들었다. 래티가 친구가 되어주지 않았더라면 어땠을까? 낡고 허름한 집에서 벗어나게 해주고 유쾌한 친구들을 소개해주지 않았더라면 어땠을까? 얼마나 좋은 친구들이란 말인가! 그들과 함께했던 모험은 또 어땠고! 배를 타고, 오소리 배저 아저씨를 만나고, 두꺼비 토드와 마차 여행을 하고, 마침내 와일드우드 숲의 악당들로부터 토드 홀을 멋지게 탈환하기까지.

그럼에도 불구하고… 왜 이런 감정이 드는지 정확히 설명하기가 어려웠다. 자신에게 문제가 있다는 생각만 들 뿐이었다. 사실은 그게 문제였다. 늘 랫의 그늘에 가려 몰 자신은 없는 듯했다. 보트를 타면 노를 똑바로 못 젓는다는 둥 제대로 하는 일이 없다며 몰을 타박했고 보트를 정박시킬 때면 밧줄을 제대로 묶었는지 확인하고는 꼭 자기가 다시 한번 감아야 직성이 풀리는 랫이었다.

눈보라가 휘몰아치던 날 와일드우드 숲에서 길을 잃고 헤매던 몰을 구해주었을 때처럼 랫은 항상 길을 알고 있었다. 그날만 해도 그랬다. 한참을 되돌아 걷다가 자신의 옛집을 발견한 몰은 감정을 주체하지 못했다. 그런 몰을 대신해서, 평소에는 수완이 그다지 좋지 않은 랫이 들쥐들에게 술과 음식을 사 오게 해 근사한 저녁상을 차렸다.

문제는 랫이 자신보다 더 유능해 보인다는 것이었다. 랫은 노도 잘 저었고 매듭법도 많이 알았고(심지어 네모 얽기도 할 수 있었다) 몰도 살뜰히 잘 보살폈다. 하지만 랫이 보여주는 우정과 친절에도 몰은 불만을 품었다. 랫이 엄청나게 유능하지 않기를 바랐고 비록 일이 잘못되더라도 자신이 하는 대로 내버려두기를 바랐다. 물론 잘못했던 적도 있었다. 몰이 처음 랫의 보트에 올라 노를 잡았을 때였는데, 결국 보란 듯이 보트가 홀라당 뒤집혔다. 그때 랫은 농담을 던지며 몰을 구해주었을 뿐이지만 몰은 이렇게 생각했다.

'랫이 저녁 식사 자리에서 한 번만 더 그 이야기를 꺼내면 소리 지를 거야!'

이런저런 생각을 하며 몰은 비옷을 입고 방수모를 썼다. 그러곤 랫에게 말했다.

"토드한테 잠깐 들러 수다나 떨까 해. 한동안 못 봤잖아. 좀 걷고 싶기도 하고."

랫은 시 비슷한 것을 중얼거리며 '부글부글'과 운이 맞는 단어를 찾느라 고개를 들지도 않더니 몰이 문을 열자 느닷없이 큰 소리로 말했다.

"몰리, 조심해. 지난번에 너 혼자 나갔다가 무슨 일 있었는지 기억하지?"

와일드우드 숲에서 길을 잃었을 때 구해준 일을 말하는 게 뻔했다. 몰은 화가 치밀어 올라 혼잣말로 까칠한 말 몇 마디를 뇌까린 후 큰 소리로 외쳤다.

"고마워, 래티. 조심할게."

그러곤 나지막이 덧붙였다.

"멍청한 사팔뜨기 설치류 같으니라고."

들으라고 한 말은 아니었지만 그렇게라도 하고 나니 한결 기분이 나아졌다.

몰은 토드 홀을 향해 걸었다. 도중에 토끼들이 친절히 인사를 건넸지만 대꾸조차 하지 않았다. 강둑 마을에 정착한 뒤로 토끼들의 인심을 얻었기에 예전과 달리 통행료를 내놓으라는 말 따위 하지 않으리란 걸 알고 있었다. 어떻게 감히! 하지만 누군가 '이상하네. 몰이 혼자 다니는 걸 본 적 없지 않아?'라고 비아냥대는 것만 같았다.

조금은 언짢은 마음으로 걷다 보니 어느새 토드 홀의 진입로에 들어섰다. 토드 홀은 두말할 나위 없이 훌륭했다. 얼마 전 지역 고급 잡지에 "강둑에서 멀찍이 떨어져 있으며 와일드우드 숲 너머까지 훤히 내다보이는 데다 넓고 풍성한 정원과 별도의 방

목장, 부속 건물들로 둘러싸인 신사의 저택"으로 소개된 바 있었다. 토드가 자랑스럽게 여길 만도 했다.

하지만 길게 이어진 진입로를 걷던 몰은 모두 쑥대밭이 된 모습에 깜짝 놀라고 말았다. 울타리는 가지치기를 하지 않았고 장미 정원엔 잡초가 무성했다. 잔디는 온통 낙엽으로 뒤덮인 데다 저택 전체가 엉망진창으로 방치되어 있었다. 본채 건물도 음침하고 으스스해 보였다. 햇빛에 반짝이던 흰색 페인트는 색이 바래 벗겨져 내렸다. 건물 벽에 생기와 활력을 불어넣어 주던 넝쿨 식물과 덩굴장미는 말라비틀어져 시커먼 밧줄처럼 축 늘어져 있었다. 언제나 투명하게 반짝이던 창문은 어둡고 음산한 날씨를 그대로 반영하며 불길한 분위기를 자아냈다. 몰은 오싹한 기분이 들었다.

초인종을 누르자 벨 소리가 집 안 깊숙이 울려 퍼졌다. 인기척이 들리지 않아 다시 한번 눌렀다. 벨 소리가 또다시 요란스레 울렸지만 여전히 아무런 기척이 없었다.

'흠, 밖에 나가 혼자만의 시간을 즐기는 모양이군. 클럽에 가서 당구라도 치나.'

당구는 토드가 특히 잘하는 게임이었다. 몰은 발길이 떨어지지 않아서 건물을 한 바퀴 돌아 주방 쪽 정원을 지나 뒷문으로 갔다. 그러곤 주방 창문을 통해 안을 살폈다. 난로가 켜져 있는 것 같았지만 안에는 아무도 없었다. 겨울날 토드와 함께 뜨거운 커피를 즐기던 안락한 낡은 의자가 보였다. 바로 그때 의자 위로 큼지막하니 쌓여 있는 낡은 옷 더미가 보였다. 그 순간, 옷 더미가 움직이기 시작했다! 겁쟁이 몰이 소스라치게 놀라 정원으로 도망치려는 찰나 옷이 떨어져 나가며…. 세상에! 토드였다. 몰은 뒷문을 잡아당겼다. 놀랍게도 문이 열렸다. 안으로 들어서자 지금껏 본 적 없는, 한없이 슬퍼 보이는 토드가 있었다. 항상 크게 뜨고 있던 눈은 반쯤 감긴 채 흐리멍덩했다. 늘 입고 있던 브이넥에 줄무늬가 들어간 크리켓스웨터는 먹다 흘린 음식 얼룩으로 너저분했다. 게다가 보통은 깔끔하고 무릎 아래까지 딱 보기 좋은 길이로 입고 있던 골프용 반바지가 그의 허리에 감자 포대처럼 축 늘어져 있었다.

"어서 와. 집이 난장판이지? 그런데 지금 내 기분이 별로라서."

토드가 와락 울음을 터트렸다.

2

친구들,
토드를 위해 나서다

"이제 상담은 전문 심리상담사에게 받으세요.

개인적인 문제로 불행하거나 우울한 동물들은 예약하세요.

왜가리 헤런 심리상담소 전화번호 576."

"그게 왜?"

"혹시 알아? 여기에 연락하면 불쌍한 토드를 도울 수 있을지!"

그날 늦게 토드 홀을 나와 집으로 돌아오는 내내 몰은 몹시 혼란스러웠다. 모험을 좋아하고 툭하면 흥분하길 잘하는 토드가 어쩌다 저런 불쌍한 지경에 이르렀단 말인가!

몰은 지난 몇 년간 토드와 보낸 많은 시간을 떠올렸다. 토드는 무슨 일을 하건 늘 놀림감이 될 정도로 말쑥하게 차려입었다. 특히 자동차에 푹 빠져 그에 걸맞게 갖춰 입는 데 집착했다. 망토가 달린 큼직한 체크무늬 오버코트와 리넨 소재의 길다란 더스트코트를 입고 거기에 어울리는 모자를 거꾸로 쓰고 그 위에 고글을 갖춰 썼다. 그러고는 손목까지 오는 노란 가죽 장갑으로 마무리했다.

배저는 그런 토드의 차림새를 비웃으며 놈팡이처럼 보인다고, 생각이 제대로 박힌 동물이라면 죽어도 토드와 함께 다니지 않을 거라고 했다. 하지만 배저가 틀렸다. 몰은 자신이 늘 입는 칙칙한 검은색 스모킹재킷(집에서 비공식적인 손님을 접대할 때 입는 남성용 웃옷—편집자)에 비하면 토드의 화려한 복장은 그야말로 근사하다고 생각했다.

몰은 토드의 추레한 모습을 보고 심각한 심경 변화를 직감했다. 예전의 말쑥하고 때로는 과하다 싶었던 차림새는 토드만의 열정과 삶의 기쁨을 여실히 드러내주었다. 톡톡 튀는 활기와 허세로 화려한 트위드재킷과 넉넉한 골프용 반바지, 거기에 풀 세트로 갖춰 맨 리앤더 클럽(1918년에 설립된 세계에서 가장 오래된 조정 클럽—옮긴이)의 핑크색 나비넥타이를 완벽하게 소화했다. 그랬던 토드가 씻지도 않아 지저분한 채로 말라비틀어진 음식물이 여기저기 붙은 스웨터를 입고 있으니 심경 변화가 아니면 뭐겠는가? 조심스레 한 가지 더 덧붙이자면 늘 좋은 향수를 쓰던 토드에게서 심지어 고약한 냄새도 약간 났다.

저녁을 먹고 난 후 늦은 시간, 랫과 몰은 활활 타오르는 난로 앞에 앉아 발가락을 꼼지락대며 따끈한 토디(위스키나 럼에 뜨거운 물을 타고 설탕 등을 넣은 음료—옮긴이)를 홀짝이고 있었다. 몰은 토드를 어떻게 발견했는지부터 시작해 그날 본 상황을 모조리 랫에게 설명했다. 그러고 나서 두 친구는 달리 할 말을 잃고 말았다. 그저 쯧쯧 혀를 차거나 '어떻게 해야 하지?' 혹은 '왜 그런 걸까?'라는 말만 되뇔 뿐이었다. 대화는 점점 흐지부지되었고 둘은 멍하니 불만 바라보며 각자 생각에 빠져들었다.

한참 만에 랫이 지역 주간신문을 집어 들어 뒤적거렸다. 몰이 잠이 들락 말락 하던 찰나 랫이 별안간 자세를 꼿꼿이 세워 앉으며 명령하듯 말했다.

"몰, 이것 좀 봐!"

"래티, 너 또 쓰잘머리 없는 광고나 뒤지고 있는 건 아니지?"

몰이 졸린 듯 물었다. 랫은 실속 없이 물건을 싸게 사려고 툭하면 할인 광고를 뒤적거렸다.

"조용히 하고 잘 들어봐."

랫이 평소와 달리 사뭇 진지하게 말했다. 그러곤 〈강둑 마을 소식〉에 실린 광고를 읽어 내려갔다.

"이제 상담은 전문 심리상담사에게 받으세요. 개인적인 문제로 불행하거나 우울한 동물들은 예약하세요. 왜가리 헤런 심리상담소 전화번호 576."

"그게 왜?"

대수롭지 않게 흘려듣던 몰이 물었다.

"으이그, 못돼먹은 멍청이 같으니라고."

랫이 그런 식으로 말한 게 이번이 처음은 아니었다.

"혹시 알아? 여기에 연락하면 불쌍한 토드를 도울 수 있을지!"

그제야 몰은 정신이 번쩍 들었다.

"너 설마 토드가 우울증에 걸렸다고 생각하는 거야? 그건 아니지. 배탈이 나서 그런 걸 거야. 너도 알다시피 토드가 먹는 걸 좋아하잖아, 술도 좋아하고."

스스로도 인정한 사실이지만 토드는 가끔씩 '도를 넘는 행동'을 하고 몸에 무리가 올 정도로 술을 진탕 마셔댔다. 랫과 몰은 달지 않은 셰리주나 맥주도 한 잔 이상은 마시지 않다 보니 가끔씩 절제를 모르고 곤죽이 되도록 마셔대는 토드를 이해할 수가 없었다.

"아니, 내가 단순한 편이라 다 이해한다고 할 순 없지만."

랫이 말했다. (그 순간 몰이 머그잔에 침을 튀겨가며 기침을 해대더니 사레가 들렸다고 했다.)

"그나저나 정말 걱정이야. 내일 나랑 같이 가보자. 토드가 혹시라도 어리석은 짓을 하진 않겠지?"

랫은 그게 정확히 무슨 뜻인지 설명하지 않았지만 둘은 불안한 눈빛을 주고받았다.

"흠, 토드에게 이 상담소 광고를 보여주고 가보라고 하는 게 좋겠어."

"과연 토드가 갈까? 워낙 고집이 센 데다 제멋대로 하는 녀석이잖아."

"그렇긴 하지."

랫도 동의했다.

"하지만 토드의 상태가 네가 말한 대로라면 강제로라도 가게 해야지!"

둘은 그들의 계획에 토드가 어떻게 반응할지 궁금해하며 걱정을 한가득 안고 잠자리에 들었다. 토드가 원하든 원하지 않든 그들은 토드를 도울 생각이었다.

다음 날 아침을 먹고 몰과 랫은 서둘러 토드 홀로 향했다. 둘은 토드의 상황이 얼마나 심각한지, 어쩌다 그렇게 되었는지, 그리고 어떻게 하면 토드를 도울 수 있을지 이야기하며 걸었다. 몰이 이미 상담소의 전화번호를 기억해두었는데도 랫은 상담소 정보가 실린 신문을 챙겼다.

"이봐, 래티. 어, 몰도 있었군. 너희 여기서 뭐 해?"

갑자기 왼편 어딘가에서 굵직한 목소리가 들렸다.

몰이 화들짝 놀라자 랫이 말했다.

"배저 아저씨야."

둘이 왼쪽을 쳐다보니 줄무늬 머리에 이어 배저가 모습을 드러냈다.

"저기요, 배저 아저씨. 놀랐잖아요. 집에서 주무시고⋯."

랫이 황급히 말을 바꿨다.

"제 말은 그러니까 일하고 계신 줄 알았어요."

"그랬지. 그런데 이쪽에 할 일이 생겼지 뭐냐. 사실은 건축허가와 관련된 일인데, 내가 지역구 의원이니(배저는 지역구 의원이라는 단어에 유난히 힘을 주었다) 직접 한번 둘러봐야 하지 않겠어?"

그러곤 몰과 랫에게 상냥하게 물었다.

"그나저나 여기서 뭐 하는 거야? 둘 다 무척 심각해 보이는데."

셋은 숲속 공터에 자리를 잡고 앉았다. 몰은 사이사이 랫의 도움을 받아가며 불쌍한 토드의 이야기와 자신이 토드의 상태를 어떻게 발견했는지를 설명했고, 바로 지금 둘이서 불행한 토드를 도와주러 가는 길이라고 했다. 그러자 배저의 표정이 갑자기 싸늘해졌다.

"내 그럴 줄 알았다. 친구를 비난하는 일은 옳지 않아. 하지만 (몰은 '하지만'이 나오기를 기다렸다) 이런 날이 올 줄 알았어. 토드에게 훌륭한 자질이 많다는 거야 말해 뭐 하겠냐. 그렇지만 그 녀석은 근본적으로 나약하고 정서적으로 불안정해. 진심 어린 충고와 어떻게 살아야 하는지 딱 꼬집어 알려주는 친구들을 버리고 자기 하고 싶은 대로 하더니 결국 어리석고 병적인 생각에 무너

30

지고 만 거야. 토드를 돕는 데 나도 나서야겠다. 정신 똑바로 차리라고 따끔하게 말해줘야겠어!"

배저의 분명하고 단호한 태도에 몰과 랫은 용기를 얻었다. 한마음 한뜻으로 똘똘 뭉친 셋은 배저를 가운데 두고 팔짱을 낀 채 토드 홀을 향해 성큼성큼 걸어갔다. 행운의 사나이 토드, 도움 원정대가 출동한다!

3

토드, 심리상담사를
처음 만나다

"상담이란 상담사와 내담자 모두 자발적으로 참여해야 하는 일입니다.
그 말인즉슨 그저 친구들을 기쁘게 해주고 싶어서가 아니라 토드 씨 자신을
위해서 상담을 받고 싶어야 우리가 같이 일을 해나갈 수 있다는 뜻이에요."
"선생님과 그 일이란 걸 해보고 싶어요.
제가 왜 이렇게 불행한지 그 원인을 찾아내고 싶어요."

며칠에 걸쳐 일어난 일을 전부 이야기하자면 끝이 없을 것이다. 일단 친구들은 토드를 보살폈다. 그러곤 괜찮아질 거라고 토닥였다. 그다음엔 마음을 추스르라고 제법 단호하게 타일렀다. 결국 친구들은 배저를 거들며 '정신을 차리지' 않으면 앞으로 얼마나 끔찍한 일이 벌어질지 일장 연설을 늘어놓았다.

하지만 아무런 소용이 없었다. 토드는 알겠다고 했지만, 선의의 충고를 건네는 친구들을 속이고 자만심에 취해 방방 뛰던 예전 모습은 온데간데없었다. 여전히 슬프고 여전히 우울했다. 친구들이 이래라저래라 충고를 늘어놓을수록 더 서럽고 더 우울했다.

배저는 더 이상 참을 수가 없었다. 동물들에게 존경받고 있는 배저는 한참을 이야기한 끝에 결국 참을성이 바닥나버렸다.

"이봐, 토드. 더 이상 안 되겠어. 우린 모두 널 도우려고 애쓰고 있는데 정작 너는 도무지 나을 생각을 하지 않잖아. (아니, 나을 수 없는 거라고 몰은 생각했다.) 이제 다른 방법이 없어. 상담을 받아보는 수밖에!"

다들 너무 놀라 할 말을 잃었다. 심지어 토드마저 자세를 고쳐 앉았다. 잘은 몰라도 상담은 끔찍하고 충격적인 일을 겪은 사람들이 받는 것쯤으로 다들 알고 있었다. 내심 보수적인 랫이 물었다.

"토드가 그 정도로 심각한가요? 제 말은, 그러니까 상담이 좀 유행 같다는 생각이 들어서요. 신문을 보니 요즘엔 너나없이 다 상담을 받는 것 같더라고요. 우리 땐 골치가 아프면 진통제 한두 알이면 됐는데. 어쩌면 그게 더 효과적이었을 거예요."

랫은 자신이 먼저 상담을 제안했음에도 불구하고 막상 닥치고 보니 망설여졌다.

"이미 상담소까지 다 알아났잖아. 다들 토드가 심리상담사를 만나봐야 한다는 데 동의한 거 아니었어? 난 배저 아저씨 의견에 한 표!"

36

"몰 말이 맞아. 랫, 걱정하지 마. 내가 아무리 얘기해도 귓등으로 흘려보내는 걸 보니 토드의 상태가 몹시 심각한 게 틀림없어. 토드, 네가 내키지 않는 거 알아. 하지만 너에겐 우리가 줄 수 없는 뭔가 다른 도움이 절실해 보여. 상황이 어려울 땐 특단의 조치가 필요한 법이지. 상담을 받아봐."

여러 번 전화를 걸고 약속을 잡고 어르고 달랜 끝에 토드는 제법 규모가 큰 혜런 상담소에 도착했다. 적갈색이 은은하게 감도는 3층짜리 정방형 벽돌 건물로 군데군데 노란색 벽돌로 테두리가 둘러져 있었다. 공연장 분위기도 나고 제법 그럴싸해 보였는데 오랫동안 가정집으로 쓰인 것 같기도 했다. 벨을 누르자 책이 즐비하게 늘어선 방으로 안내되었다. 그 안에는 의자 몇 개와 큼지막한 책상이 있고 책상 위에 온갖 잡동사니가 늘어져 있었다. 그 사이로 두개골 여기저기 글씨가 적힌, 도자기로 만든 해골 모형도 보였다. 거기에는 골상학의 대가 L. N. 파울러의 이름이 적혀 있었다.

키가 크고 똑똑해 보이는 혜런이 들어와 맞은편 의자에 앉았다. 그는 인사를 건넨 뒤 물끄러미 토드를 바라봤다. 일방적으로 듣는 데 익숙했던 토드는 조언이 시작되기만을 기다렸다. 하지만 혜런은 쳐다보기만 할 뿐 아무 말도 하지 않았다. 침묵 속에 피가 머리로 쏠리는 기분이 들고 방 안에 긴장감이 차오르는 듯

했다. 토드는 안절부절 어쩔 줄을 몰랐다. 헤런은 여전히 바라보기만 할 뿐이었다. 더 이상 참지 못하고 토드가 애처롭게 물었다.

"제가 어떻게 해야 하는지 말해주지 않을 셈인가요?"

"어떻게라니요?"

"저기, 기분이 나아지려면 어떻게 해야 하나요?"

"기분이 안 좋은가요?"

"네. 친구들이 저에 대해 전부 말하지 않던가요?"

"친구, 누구요?"

"아시잖아요. 배저 아저씨랑 랫 그리고 다른 친구들 전부요."

친구들 이야기를 꺼내자 토드는 왈칵 눈물이 쏟아졌다. 자신도 모르게 오랜 시간 눌러왔던 슬픔이 봇물처럼 터져 나왔다. 헤런은 아무 말 없이 휴지 상자를 내밀었다. 흐느낌이 잦아들자 토드는 크게 숨을 들이쉬었다. 기분이 한결 나아졌다. 그제야 헤런이 말문을 열었다.

"여기 왜 왔죠?"

"친구들이 가보라고 해서요. 저에게 상담이 필요하다면서. 선생님 이름을 신문에서 찾았다더군요. 이제 들을 준비가 됐어요. 뭐든 좋으니 방법을 알려주시면 해볼게요. 친구들이 진심으로 저를 신경 쓰고 있으니까요."

헤런은 자세를 고쳐 앉았다.

"제 고객은 누군가요, 토드 씬가요 친구들인가요?"

토드는 어리둥절했다.

"토드 씨, 친구들이 당신을 상담해달라고 하더군요. 그래야 걱정을 한시름 덜 수 있다면서요. 당신 역시 친구들을 기쁘게 해주려고 상담을 받으려는 것 같아요. 그래서 정작 제 고객은 당신의 친구들이 아닌가 싶네요."

토드는 몹시 당황스러웠다.

"하나 물어볼게요. 상담료는 누가 지불하죠?"

상담사가 물었다.

토드는 그럴 줄 알았다는 생각이 들었다. 돈 생각만 하다니 헤런도 남들과 똑같았다.

"아, 그 문젠 걱정하지 마세요."

그 순간 예전의 모습을 되찾은 듯 토드가 말했다.

"배저 아저씨가 금전적인 부분은 해결해준다고 했으니 진료비 걱정은 붙들어 매시죠."

"다행이군요. 하지만 상담은 진행하지 않는 편이 좋겠어요. 오늘 만남은 이쯤에서 마무리하죠. 경험 삼아 한번 들른 것으로 합시다."

참으로 오랜만에 토드는 화가 치밀었다.

"이보세요."

토드는 강한 어조로 말했다.

"이러시면 안 되죠. 당신은 상담사고 나는 상담을 받으러 이곳에 왔어요. 여기 앉아서 무슨 말이라도 해주길 기다렸는데 이제와서 고작 한다는 소리가 돈 얘긴가요? 뭘 얼마나 더 해야 상담이란 걸 받을 수 있나요?"

"좋은 질문이네요. 대답해드리죠. 상담이란 상담사와 내담자 모두 자발적으로 참여해야 하는 일입니다. 그 말인즉슨 그저 친구들을 기쁘게 해주고 싶어서가 아니라 토드 씨 자신을 위해서 상담을 받고 싶어야 우리가 같이 일을 해나갈 수 있다는 뜻이에요. 우리가 함께하기로 동의한다면 계약서를 쓰고 상담이 끝나면 그때 청구서를 보내드려요. 아시다시피 이건 돈 문제가 아닙니다. 책임감의 문제죠. 다른 누구도 아닌 토드 씨, 당신의 책임감이 필요합니다."

토드는 심장이 쿵쾅거렸다. 도무지 무슨 말인지 알아들을 수가 없었다.

'상담을 받으러 왔는데 나한테 책임을 지라니! 나는 상담사가 아니라고!'

더군다나 '일'이라고 했다. 무슨 일을 하는진 모르겠지만 그 말은 토드가 적극적으로 참여해야 한다는 뜻이었다. 뭘 하든 누군가 지시를 내릴 때까지 기다리던 토드에겐 지금 이 상황이 사뭇 낯설기만 했다. 걱정이 되면서도 호기심이 발동했다. 어쩌면 불행에서 벗어날 방법을 스스로 찾을 수 있을지도 몰랐다. 한참을 고민하던 끝에 토드가 입을 열었다.

"제가 다 망쳐놓은 것 같군요. 하긴 이번이 처음은 아니지만. 그래도 선생님이 무슨 말을 하는지는 알 것 같아요. 그래서 말인데 같이 해보고 싶어요. 처음부터 다시 시작할 수 있을까요?"

"이미 시작한 것 같은데요."

그러곤 헤런은 상담 프로그램에서 같이 일을 해나가는 데 동의하는 것이 어떤 의미인지 자세히 설명했다.

"필요할 때까지 일주일에 한 번 한 시간 정도 만나죠. 다음 주부터 매주 화요일 오전 10시 어때요? 상담 마지막 날에는 그동안 우리가 무슨 일을 했는지, 당신이 무엇을 알게 되었는지 이야기를 나눠볼 거예요. 그리고 앞으로 토드 씨가 하고 싶은 것들도 생각해보고요."

"상담료는 얼마죠?"

현실적인 질문이었다.

"회당 40파운드예요. 한 회가 끝날 때마다 청구서를 보내드릴 거고요."

헤런이 잠시 뜸을 들이더니 물었다.

"자, 어떻게 하고 싶은지 결정했나요?"

토드는 깊이 생각해서 결정 내리는 스타일이 아니었다. 남의 자동차에 정신이 홀려 앞뒤 분간 못 하고 다짜고짜 올라타 출발했던 것처럼 충동적으로 행동하고 후회하는 편이었다. 아니면 남들이, 특히 배저가 하라는 대로 하고 나서 결국에는 비참해하곤 했다. 현명한 랫에게 어떻게 하면 좋을지 물어봐서 어깨에 짊어진 책임감을 벗어버리고 싶었다. 하지만 현명한 결정을 하리라 철석같이 믿는다는 눈빛으로 헤런이 그를 바라보고 있었다. 마침내 토드가 입을 열었다.

"선생님과 그 일이란 걸 해보고 싶어요. 제가 왜 이렇게 불행한지 그 원인을 찾아내고 싶어요. 말씀하신 일정에 맞출게요. 예약한 날에 오면 되죠?"

상담사는 토드를 문 앞까지 배웅했다. 문득 토드가 고개를 돌려 물었다.

"제가 좋아질 수 있을까요?"

헤런은 토드를 뚫어져라 바라봤다.

"토드 씨, 변화와 발전의 가능성이 없다면 저는 이 일을 하지 않습니다. 물론 상황이 나아지지 않을 수도 있겠죠. 하지만 온 힘을 다해, 한눈팔지 않고 당신에게 집중하겠다고 약속하죠. 토드 씨 역시 그러리라 믿습니다. 같이 노력한다면 긍정적인 결과를 기대할 수 있을 거예요. 그렇지만 이 모든 것은 결국 당신에게 달렸어요."

토드는 헤런의 말을 이해하려 애쓰며 길을 따라 걸었다.

4

나는 왜
우울할까?

"토드 씨, 오늘 기분이 어떤가요?"

"'기분'이란 게 정확히 어떤 걸 말하는 건가요?"

일부러 모르는 척하는 게 아니었다.

다들 그렇겠지만 토드도 다른 사람뿐 아니라 자기 자신에게 설명하기 위해

스스로 어떻게 느끼는지 의식적으로 생각해본 적이 없었다.

솔직히 말하면 자신의 감정을 알아차리는 게 두려워

무의식적으로 여러 행동 전략을 만들어내서 그런 상황을 피해왔다.

한 주가 매우 느리게 흘러갔다. 토드는 무기력했고 새벽같이 눈이 뜨였으며 어김없이 슬프고 병적인 생각에 사로잡혀 있었다. 낮에는 괜찮은 듯싶다가도 저녁이 되면 다시 우울해졌다. 매일 산책을 나갔다. 겨울 햇살이 비쳤지만 오래된 흑백사진처럼 모든 게 단조로워 보였다.

처음 며칠간은 친구들이 찾아와 토드의 기분을 띄워주려 애썼다. 랫은 크리비지 카드 게임("15니까 2점, 다시 15니까 4점, 같은 카드니까 6점")을 여러 번 해주었고 몰은 강둑의 최근 소식을 속속들이 전해주었으며("지난주에 수달 오터가 무슨 일을 저질렀는지 상상도 못 할걸!") 배저는 잠자코 앉아 상황을 지켜보다가 침묵이 흐르면 젊은 시절 토드의 아버지와 했던 그저 그런 모험담을 늘어놓았다("우리는 집에서 아주 멀리까지 갔어. 그것도 주머니에 땡전 한 푼 없이 말이야. 그때는 그게 참 기발하다고 생각했지"). 친구들이 돌아가고 나면 토드는 지칠 대로 지쳐 침대에 누웠고 다시 새벽 3시쯤 깨어 날이 밝을 때까지 뒤척이곤 했다.

드디어 화요일이 되었다. 헤런 상담소를 향해 천천히 걷는데 심경이 한없이 복잡했다. 그동안 이런저런 생각으로 혼란스러웠지만 헤런을 다시 만날 날이 되니 어느 정도 마음이 놓였다. 하지만 무슨 말이 나올지 무슨 일이 일어날지 불안하기도 했다. 상담소로 다시 발걸음을 옮기기까지 고민하고 또 고민했다. 그러나 헤런과의 첫 만남에서 배운 점이 있다면 이 일은 스스로 하지 않으면 안 된다는 것이었다. 진정한 어른이 되려면 알을 깨고 나와야 한다는 사실을 깨닫기 시작했다.

이윽고 토드는 헤런의 맞은편에 앉아 있었다. 어김없이 침묵이 흘렀다. 헤런을 처음 만나던 날 겪었던 긴장과 불안이 또다시 토드를 엄습했다. 침묵을 깨고 헤런이 물었다.

"토드 씨, 오늘은 기분이 어때요?"

"괜찮아요. 고맙습니다."

토드는 기분이 어떠냐는 헤런의 질문에 별다른 고민 없이 어릴 때 배운 대로 기계적으로 대답했다. 사실 아무 의미 없는 대답이었다. 하지만 헤런은 그런 정해진 대답을 원한 게 아니었다.

"다시 한번 물어볼게요. 오늘 기분이 어떤가요?"

토드는 몹시 당황스러웠다.

"'기분'이란 게 정확히 어떤 걸 말하는 건가요?"

일부러 모르는 척하는 게 아니었다. 다들 그렇겠지만 토드도 다른 사람뿐 아니라 자기 자신에게 설명하기 위해 스스로 어떻게 느끼는지 의식적으로 생각해본 적이 없었다. 솔직히 말하면 자신의 감정을 알아차리는 게 두려워 무의식적으로 여러 행동 전략을 만들어내서 그런 상황을 피해왔다. 이를테면 다른 동물을 만날 때면 반갑게 '안녕, 친구'라는 인사말로 선수를 쳤고, '내가 뭘 하고 있었는지 짐작도 못 할걸!' 혹은 '와서 이것 좀 볼래?'라는 식으로 바로 말을 걸었다. 그러다 보니 그의 기분은 물론 안부를 묻는 이도 없었다.

그래서 '기분이 어때요?'라는 질문이 낯설고 불편했다. 더군다나 진심으로 기분이 어떤지 궁금해하는 듯한 사람이 물으니 더더욱 그랬다. 그렇지만 한 번도 자기분석이란 걸 해본 적 없는 토드는 자신의 심리 상태를 어떻게 설명해야 할지 막막하기 짝이 없었다.

"그럼 다른 방식으로 물어볼게요. 토드 씨의 감정을 측정할 수 있는 온도계가 있다고 해봅시다. 1부터 10까지 눈금이 있어요. 가장 낮은 눈금이 1인데 1은 기분이 아주 끔찍해서 자살을 생각할 정도예요. 중간 지점인 5는 기분이 그럭저럭 나쁘진 않은 상태고 10이 가장 높은데 10은 몹시 행복한 상태를 말해요."

혜런은 옆에 놓인 플립차트에 '감정온도계'를 그렸다. 그러곤 토드에게 크레용을 건네며 물었다.

"토드 씨는 지금 어디쯤인가요?"

토드는 주저 없이 1과 2 중간쯤에 선을 표시했다.

"자살을 생각해본 적 있나요?"

혜런이 대놓고 물었다. 갑작스러운 질문에 화들짝 놀랐지만 토드는 왠지 모르게 안도감 같은 게 느껴졌다.

토드가 나지막이 대답했다.

"네. 세 달 전쯤 제 앞에 놓인 상황이 너무 깜깜해서 도무지 빠져나갈 구멍이 보이지 않았어요. 그래서 이러다간 바보 같은 짓을 저지를 수도 있겠다 싶었죠. 그렇지만 그런 생각을 한 건 몰이 찾아오기 전이었어요. 아직도 우울하긴 하지만 이젠 그런 끔찍한 생각은 하지 않아요. 그리고…."

토드는 살짝 기운을 내보았다.

"그런 짓은 절대 하지 않을 거예요."

"지금 기분은 어떤가요?"

또다시 같은 질문이었다.

"전 쓸모없는 존재 같아요. 잘못 살고 있다는 생각이 끊임없이 들어요. 랫이나 몰, 특히 배저 아저씨와 달리 전 정말 형편없어요. 한심한 놈이에요. 뭐, 마음씨 좋은 동물들은 저더러 재미있다고 해요. 잘못도 너그럽게 넘어가주고 '좋은 친구 토디'라고 말해주죠. 아… 도대체 전 뭘 하며 살았을까요? 해놓은 게 있기나 할까요?"

토드는 몸을 들썩이며 흐느껴 울었다. 헤런이 토드 쪽으로 휴지를 밀어주었다.

"늘 그런 기분인가요?"

잠시 후 헤런이 물었다.

"네. 오래전부터 그랬다가 말았다가 해요. 괜찮은 것 같아서 뭔가를 해볼 수 있을 것 같다가도 기운이 빠지고 흥미를 잃어버려요. 그러곤 익숙하다고밖에 달리 설명할 길이 없는 슬픈 감정에 빠져요. 그게 요즘 제가 느끼는 기분이에요."

"그렇다면 왜 불행하다고 느끼나요?"

"말하자면 정말 길어요."

"들어줄게요."

토드가 이야기를 시작했다.

"제가 감옥을 탈출한 얘기며 세탁부, 거룻배, 말, 자동차 얘기는 들어서 아시리라 생각해요. 자랑할 만한 일은 아니죠. 그렇다고 부인하고 싶진 않아요. 하지만 너무 많이 알려진 데다 심지어 기사까지 났으니 그 얘긴 더 이상 하고 싶지 않아요. 선생님이 묻지만 않는다면요."

토드는 미심쩍은 눈으로 헤런을 바라봤다. 헤런이 아무런 반응을 보이지 않자 다시 이야기를 이어갔다.

"물론, 그 사건들이 저에게 많은 영향을 미쳤지만 늘 하던 대로 어느 정도 극복했다고 생각해요. 정말 상처가 됐던 건 마을에 돌아온 뒤 친구들에게서 아주 끔찍한 취급을 받은 거예요."

"특별히 기억나는 게 있나요?"

"그럼요. 틈만 나면 그때 일들이 생각나서 하나하나 다 열거할 수 있을 정도예요."

"처음에 어떤 일이 있었나요?"

"그게."

토드가 이야기를 이어갔다.

"마지막에 꾀를 내어 자동차를 훔쳐 달아나다가 불량배와 참견꾼 무리에게 쫓기게 되었고 그러다 재수 없게 강물에 빠져 죽을 뻔했어요. 그때 마침 래티가 절 구해줬죠. 그거야 물론 평생토록 래티에게 고마워해야 할 일이에요."

"이해가 잘 안 되는군요. 그게 왜 불행하다는 거죠?"

"랫의 태도 때문이에요. 저는 당연히 그동안 겪은 일을 친구들에게 말하고 싶어 안달이 났어요. 그래서 젖은 옷이 채 마르기도 전에 이야기를 꺼냈죠. 그랬더니 랫이 관심은커녕 '허풍' 좀 떨지 말라고 구박하며 가서 옷이나 갈아입고 점잖게 있으라고 하더군요. 생각해보세요! 몇 달 만에 만난 친구에게 그게 할 말이냐고요."

"그때 기분이 어땠나요?"

"처음엔 화가 났어요. 명령이라면 감옥에서 지긋지긋하게 받았거든요. 하지만 절 구해준 게 고마워서 랫이 하라는 대로 했어요. 굶어 죽기 일보 직전이라 같이 점심을 먹으면서 다시 이야기를 꺼냈어요. 랫의 지루한 일상에 비하면 정말 흥미진진하고 짜릿한 이야기였죠."

"친구가 어떻게 반응하던가요?"

"글쎄, 걔가 뭐라고 한 줄 아세요? '네가 얼마나 큰 사고를 쳤는지 모르는 거야?'라고 하지 뭐예요. 그 말이 정말 상처가 됐어요. 마치 질책을 당하는 것 같았죠."

불행했던 기억을 떠올리자 토드의 눈에 눈물이 그렁그렁 맺혔다.

"그래서 어떻게 했죠?"

"늘 하던 대로 했어요. 저 때문에 다른 친구들이 기분이 나빠지면 마음이 불편해요. 그래서 친구들을 달래 화를 풀어주려고 노력해요. 다시 저를 좋아하게 만들려고 뭐든지 하겠다고 약속하곤 하죠. 그래서 그때도 끔찍한 사고를 쳤다고 인정하고 다시는 그러지 않겠다고 했어요."

"그게 효과가 있었나요?"

"'효과'라니 그게 무슨 말이죠?"

"랫이 더 이상 화를 내지 않던가요?"

"잘 모르겠어요. 왜냐하면 그때 몰이 와일드우드 숲에 사는 못된 동물 무리들이 토드 홀을 점령했다는 끔찍한 소식을 전했거든요. 그 얘길 듣고 화가 치밀었어요. 평소에 전 화를 잘 내는 편이 아니에요. 그런데 그때는 정말 화가 치솟았어요. 소중한 내 집을 찾으러 정신없이 달려갔어요. 하지만 토드 홀을 차지한 악당들이 총을 쏘는 바람에 하마터면 머리에 맞을 뻔했지 뭐예요. 그뿐인 줄 아세요? 제가 탄 보트를 박살 내 가라앉히는 바람에 홀딱 젖은 데다 완전히 녹초가 되어 랫의 집으로 돌아왔어요. 내 집인데 겨우 반나절도 채 있질 못했어요. 그건 말도 안 돼요. 정말 말도 안 된다고요."

비참한 기억에 토드는 또다시 흐느끼기 시작했다.

헤런은 토드를 가만히 바라보며 잠자코 듣고만 있을 뿐 아무 말도 하지 않았다. 토드는 점점 더 크게 훌쩍거렸고, 콧물을 주렁

주렁 매단 모습은 비참해 보였다. 헤런은 또다시 휴지를 상자째로 건넸다. 토드는 마치 어린아이처럼 고분고분 휴지를 뽑아 코를 풀고 눈물을 닦았다. 잠시 후 헤런이 물었다.

"이번엔 랫이 당신을 어떻게 맞이하던가요?"

토드는 흥분을 누르려 애썼다.

"어떻게 맞이했냐고요? 믿기 힘드시겠지만 또 화를 냈어요. 저보고 '구제불능'이라며 어떻게 친구가 남아 있는지 모르겠다고 했어요. 하긴, 랫이 짜증 낼 만도 했어요. 사실 가라앉은 보트가 랫의 것이었거든요. 그게 제 잘못은 아니었지만. 아무튼, 랫은 제가 새 보트를 사줄 거란 것도 알고 있었어요. 늘 그랬으니까."

토드는 툴툴거리며 말했다.

"그래서 당신은 어떻게 했나요?"

"늘 하던 대로 랫의 기분을 풀어주려고 애썼죠. 제가 무모했고 제멋대로였다고 굽실거리며 앞으론 나대지 않고 말도 잘 듣겠다고 약속했어요. 지금 생각해보면 어떻게 그런 말이 나왔는지 모르겠어요. 창피해서 손발이 다 오그라드네요. 하지만 화내고 야단치는 것을 막으려면 무슨 말이든 했을 거예요. 특히 제가 친구라고 생각하는 래티였으니까요."

"그래서 기분이 좀 나아졌나요?"

헤런이 물었다.

"뭐, 잠깐 동안은요. 그때 마침 몰이 들어왔어요. 몰은 제 모험담에 관심을 보인 유일한 친구였어요. 몰에게 엄청난 이야기를 막 시작하려는데 제가 정말 무서워하는 존재가 들어왔어요."

"그게 누구죠?"

"배저 아저씨요."

"왜 무섭죠?"

질문하자마자 토드가 대답했다.

"우선, 배저 아저씨는 몸집이 큰 데다 힘이 세고 꽤 위협적으로 생겼거든요. 게다가 아저씨가 무서운 표정을 지으면 절 늘 혼내기만 하던 아버지가 떠올라요. 하여간 아저씨는 예상대로 절 호되게 꾸짖었어요. 아저씨가 했던 말이 아직도 생생히 기억나요. '토드, 이 못된 골칫덩어리 녀석, 스스로 부끄럽지도 않니? 네 아버지가 이걸 봤으면 뭐라고 했겠어?' 아저씨의 비난에 너무 화가 나서 왈칵 울음이 쏟아졌어요. 거기다 대고 한마디도 할 수 없었죠."

슬픈 기억을 이겨내지 못한 토드는 말을 잠시 멈춘 채 금방이라도 쏟아질 듯한 눈물을 참으려 애썼다. 그러곤 다시 이야기를 이어갔다.

"아저씨가 지나간 일은 지나간 대로 두자더군요. 그래서 우리는 그날 밤 토드 홀을 되찾을 계획을 세웠어요. 내 집을 찾으려는 건데 배저 아저씨가 대놓고 주도했어요. 뭐 상관없었어요. 단점은 좀 있지만 아저씨는 타고난 리더니까요. 그런데 아저씨는 저를 일부러 망신 주려는 것 같았어요."

"어떻게 했길래요?"

"아저씨 말이 토드 홀로 이어지는 비밀통로가 있다더군요. 처음 듣는 말이었죠. 아버지가 아저씨에게 비밀통로에 대해 이야기해줬대요. 그런데 중요한 게 뭐냐면 아저씨가 아버지를 '그 누구보다 매우 훌륭한 동물'이라고 언급하면서 저를 똑바로 쳐다본 거예요. 그 말이 저를 미치게 만들었어요."

토드는 또다시 말을 멈추더니 마른침을 한 번 삼키고 코를 훌쩍이며 참기 힘든 감정을 억누르기 위한 갖가지 행동을 했다. 그러곤 다시 말을 이어갔다.

"그것만으로는 부족했는지 아버지가 제게는 비밀통로에 대해 말하지 말라고 했다더군요. 그 이유가 뭔지 아세요? 그때 아저씨가 한 말을 토씨 하나 안 빼고 정확히 기억해요. 아버지가 '토드는 심성은 착하지만 행동이 가볍고 변덕이 심한 아이야'라고 했대요. 그러자 친구들이 다 절 쳐다봤어요. 전 태연한 척하며 애써 당혹감을 감추려고 아무 말이나 떠들어댔어요. 하지만 속으론 얼마나 창피했는지 몰라요."

토드는 말을 멈추고 그때의 비참했던 기분을 떠올렸다.

잠시 후, 헤런이 물었다.

"또 다른 건요?"

"더 있어요. 하지만 더 이상 말하고 싶지 않아요. 말하면 속상할 테니까요. 어쨌든, 제가 왜 비참하다고 느끼기 시작했는지 아시겠죠? 모두가 저를 정말 함부로 대했어요. 그건 제 잘못이 아니었어요."

긴 침묵이 이어졌다. 누구 하나 말하는 이가 없었다. 마침내 헤런이 말문을 뗐다.

"이쯤에서 멈추고 토드 씨가 한 이야기에서 배울 게 있는지 살펴보면 좋을 것 같군요."

"일어나서 좀 움직여도 될까요? 허리가 아파오네요."

토드가 묻자 헤런이 단호한 표정으로 말했다.

"당신이 내린 결정에 제 허락을 구할 필요는 없습니다. 뭘 하고 싶죠?"

"좀 걷고 싶어요."

토드가 용기를 내어 말했다. 그러곤 나지막이 덧붙였다.

"젠장, 걸을 거야!"

"당신의 이야기를 듣고 나니 묻고 싶은 게 하나 생겼어요."

"그게 뭐죠?"

토드가 자리에 앉으며 물었다.

"그런 일들이 있었을 때 당신은 어떤 상태였나요?"

"무슨 말인지 모르겠어요. '상태'라니 그게 무슨 뜻이죠?"

"제 말은, 당신이 방금 이야기한 일들을 겪는 동안 기분이 어땠는지, 그리고 어떻게 행동했는지 말로 설명할 수 있을까요?"

"말했다시피 매우 불행했고, 비참했고, 죄책감을 느꼈고, 비난받는 기분이었어요."

"그렇다면 다시 한번 물을게요. 당신은 어떤 상태에 있었죠?"

토드는 가만히 앉아 골똘히 생각에 잠겼다. 평소 같으면 깊게 고민하지 않았겠지만 이번만큼은 불행했던 사건들을 되짚으며 얻을 수 있는 교훈이 있을까 생각해보았다.

"제 생각엔."

토드가 천천히 말을 꺼냈다.

"제가 어렸을 때 느꼈던 기분을 느꼈던 것 같아요. 어린아이가 된 것처럼 느꼈다고 할까요? 이렇게 말하는 게 맞나요?"

"토드 씨, 당신의 생각이 중요해요. 당신 생각에 그게 맞는 것 같나요?"

"네, 맞아요. 그럼요, 맞고말고요."

토드는 점점 확신에 찬 목소리로 말했다.

"그게 바로 제 기분이었어요. 어린 시절 아버지에게 호되게 혼났을 때 느낀 기분이었어요."

"그 기분을 어린이 자아 상태Child Ego State라고 해요."

토드가 어리둥절한 표정을 지었다.

"아주 간단해요. 학교 다닐 때 '자아ego'가 라틴어로 '나'라는 걸 배웠을 거예요. 만약 '그가 어떤 상태에 있는가?'라고 묻는다면 그 말은 '어떤 존재 유형인가?'라고 묻는 거예요. 그래서 누군가 어린이 자아 상태에 있다고 말하면 그가 어린아이처럼 행동하고 느낀다는 말이에요. 그것은 '철이 없다'는 말이 아니라 오히려 '순수하다'는 뜻이에요."

"무슨 말인지 알 것 같아요. 그런데 어린이 자아 상태인 게 나쁜 건가요?"

"그건 좋다 나쁘다의 문제가 아니에요. 어떤 사람이 실제로 어떤 상태에 있는지 설명할 따름이지요. '어린이 자아 상태에 있으면 어떤 효과가 나타나나요?'라고 물어보는 편이 좀 더 나을 거예요."

"저기, 그 질문은 별로 도움이 되지 않는 것 같아요. 우리가 어떤 자아 상태를 피해 갈 수 있는 게 아니잖아요. 효과를 따지는 건 의미가 없어 보여요. 그거야 당연히 사람에 따라 다르지 않겠어요? 더군다나 마음대로 할 수 있는 일도 아니고요."

"그런가요? 지금 토드 씨는 어린이 자아 상태인가요?"

"아니요. 당연히 아니죠. 지금 선생님과 말하고 있는 건 현재의 나예요."

"그건 왜죠?"

"왜 그런지는 잘 모르겠어요."

토드가 짜증 섞인 목소리로 대답했다.

"절 그만 좀 괴롭히시면 좋겠어요. 불공평해요. 머리가 지끈거리기까지 해요. 질문이 너무 많은 거 아닌가요? 제가 무슨 심리학자도 아니고."

"그럼, 오늘은 그만할까요?"

그렇게 토드와 헤런의 두 번째 만남이 마무리되었다.

5

어린이 자아 상태란
무엇인가?

"아무리 나이가 많이 들었어도 누구나 어린이 자아 상태가 될 수 있나요?"

"그럼요. 어린이 자아 상태가 되면 자신이 어릴 때 했던 그대로 느끼고

행동하게 됩니다. 실제 나이와는 전혀 상관이 없어요."

긴 침묵이 흐르고 토드는 생각에 잠겼다. 이윽고 입을 열었다.

"전 자주 어린이 자아 상태인 것 같아요."

일주일 뒤 토드는 상담소를 찾아 늘 앉던 자리에 앉았다. 이렇게 빠르게 적응하다니 놀랍기만 했다. 이제 상담실 의자가 마치 '내' 의자처럼 느껴졌다. 문득 자신 말고 다른 사람도 이 의자에 앉는지, 이 방은 일주일에 한 번 자신만 사용하는지 궁금해졌다.

무엇보다 상담을 하면서 가장 인상 깊었던 건 헤런이 전적으로 토드에게만 집중한다는 점이었다. 생각해보니 지금껏 살면서 누군가의 관심을 오롯이 받아본 적이 없었다. 토드 역시 누군가에게 이렇게 큰 관심을 쏟은 적이 없었던 듯싶었다.

상담 내내 헤런은 토드의 이야기에 귀를 기울였다. 다른 모든 것을 제쳐두고 한 시간 내내 토드와 그의 상황에 전적으로 집중했다. 그러다 보니 장황하고 부정확한 말을 변명하기 위해 습관적으로 사용하던 '제 말이 무슨 뜻인지 아시겠어요?'라든가 '이해하셨어요?'라는 질문을 할 필요가 없었다.

토드가 자신의 생각을 단어로만 표현해도 헤런은 귀담아듣고 이해했다. 하지만 이해하지 못했을 때엔 이해하지 못했다고 말했고 그러면 토드는 자신의 의사를 좀 더 정확히 전달하기 위해 다른 단어나 표현을 찾아야 했다.

그렇게 헤런은 토드의 이야기를 듣고 질문하며 그에게 내재되어 있는 수많은 생각과 감정을 밖으로 끄집어내 주었다. 토드는 예전엔 미처 알지 못했던 자신의 모습을 서서히 알아가기 시작했다. 다시 말해, 몰랐던 것들을 배워가고 있었다.

"토드 씨, 오늘은 기분이 어떤가요?"

이제 이 질문이 놀랍지 않았다. 사실, 이미 예상하고 있었다.

"평소와는 좀 다른 것 같아요. 여전히 우울하긴 해요. 지난번 상담 때 선생님이 말씀하신 어린이 자아 상태에 대해 줄곧 생각해봤어요. 오늘은 그 이야기를 좀 더 하실 건가요?"

"네. 좀 더 얘기해보고 싶어요. 이번엔 역할을 바꿔볼까요?"

"그게 무슨 말이죠?"

"그러니까, 제가 입장을 바꿔서 행동할 거예요. 어린이 자아 상태에 대해 설명하려면 제가 교사가 되어야겠죠. 뭐가 다르냐 하면, 이제 제가 듣는 입장이 아닌 말하는 입장이 된다는 거예요. 어린이 자아 상태에 관한 제 설명을 당신이 잘 이해한다면 이 개념을 활용해 당신의 자아와 당신이 겪은 일들을 살펴볼 수 있을 거예요. 아무리 훌륭한 이론이라도 실제로 적용해보지 않으면 소용없는 거 아시죠?"

토드가 헤런의 말을 이해하려고 애쓰는 사이 헤런이 일어나 차트 쪽으로 갔다.

"어린이 자아 상태는 유년 시절 우리가 겪은 일들과 우리가 경험하는 감정들로 이루어집니다. 우리는 기본정서를 가지고 태어나지요. 이 기본정서는 유아기를 거치며 점차 미묘하고 복잡한 행동 패턴으로 발달합니다. 그 행동 패턴은 앞으로 살아갈 삶의 행동 방식을 결정하고 자아의 근간을 이루며 우리의 일부를 형성합니다. 따라서 각기 다른 특정 상황에 처했을 때 우리는 유아기를 거치며 형성된 각자의 기본 태도에 따라 자동적으로 반응하게 됩니다. 또다시, 어린 시절의 내가 되어 행동하고 느끼게 되는 셈이죠."

"조금 더 자세히 설명해주시겠어요?"

"그럼요. 우리는 모두 기본정서를 가지고 태어납니다. 색깔로 따지자면 삼원색 같은 거예요. 기본색을 섞어 미묘한 음영과 색

조를 띠는 다양한 색을 만들어내듯, 유년기를 거치며 각기 다른 감정과 반응을 경험하면서 점차 각기 다른 개인으로 성장해갑니다. 이해가 되시나요?"

"네. 알 것 같아요."

"그렇다면 토드 씨, 기본정서에는 어떤 게 있을까요?"

토드는 이마를 찌푸리며 머리를 긁적였지만 마땅한 답이 떠오르지 않았다.

"이렇게 생각해보죠. 아직 결혼을 안 한 걸로 아는데 혹시 조카가 있나요?"

"네, 그럼요. 조카들 생일도 다 기억하는걸요. 크리스마스 때 아이들에게 선물하는 일이 얼마나 즐거운지 몰라요. 조카들이 절 얼마나 좋아하는데요."

"좋아요. 그렇다면 조카들에게 어떤 기본정서가 있을까요?"

"글쎄요, 보통 아이들은 신이 나서 사방을 뛰어다녀요. 그런 에너지는 어디서 나오나 모르겠어요! 제가 선물을 잔뜩 들고 들어가면 저에게 와락 달려들어 마구 뽀뽀를 해댄답니다. 뭐랄까, 정말 신나 해요. 단지 선물 때문은 아니에요. 갈 때마다 항상 반갑게 맞아주거든요. 정말 사랑스럽기 그지없어요."

"당연히 그렇겠죠. 이건 어때요?"

헤런은 차트에 '어린이의 기본정서'라는 제목을 달고 그 밑에

'기쁨과 애착'이라고 썼다.

"또 뭐가 있을까요?"

"분명 서로에게 화도 내요. 엄청나게 싸워댈 때는 걔들을 떼어 놔야 한다니까요. 그럴 땐 꼬마 악마 같기도 해요."

"그것도 기본정서겠군요."

헤런은 차트에 '분노'라고 썼다.

"맞아요. 바로 그거예요!"

"다른 건 또 없을까요?"

토드는 잠시 생각에 잠겼다.

"글쎄요, 도무지 생각이 나질 않네요."

"다른 방식으로 생각해보죠. 배우지 않아도 태어날 때부터 지니고 있을 법한 기본정서에는 어떤 것이 있을까요?"

"선생님이 원하는 답일지는 모르겠지만 우리 꼬맹이들을 보면 금방 화내고 금방 슬퍼하더라고요. 지난번에 갔을 땐 강아지가 죽었다고 울고 있었어요. 어찌나 울어대던지 달래봤는데도 아무런 소용이 없었죠. 결국엔 저까지 울었지 뭐예요. 아시다시피 제가 마음이 좀 약해서요."

그러곤 코를 한 번 풀고 나비넥타이를 만지작거렸다. 어느새 토드의 눈엔 눈물이 그렁그렁했다.

"아주 기본적인 감정 같군요."

헤런은 차트에 '슬픔'이라고 썼다.

"또 다른 건요?"

"더 이상은 모르겠어요."

토드가 고개를 저었다.

"공포는 어떤가요? 경험상 보면 아이들은 쉽게 겁을 먹어서 놀래주기도 아주 쉽더라고요. 황당하게도 그걸 즐기는 어른들도 있을걸요, 물론 이건 다른 얘기지만. 어쨌든, 공포도 기본정서 아닐까요?"

"그런 것 같아요. 아주 어렸을 때 처음 악몽을 꾸고 소리를 지르며 깼던 일이 아직도 기억나요. 누가 가르쳐주지도 않았는데 나도 모르게 소리를 질렀어요. 비명이 저절로 튀어나왔죠."

"맞아요. 이제 목록이 완성된 것 같군요."

헤런은 '공포'를 추가했다. 차트에 다음과 같이 기록되었다.

어린이의 기본정서

기쁨과 애착

분노

슬픔

공포

"이 모든 감정이 합쳐져 이른바 '자연적 아이Natural Child'를 만들고 이는 전체 '어린이 자아 상태'의 중요한 부분을 이루지요."

"그렇다면 어떤 사람이 애착을 보이거나, 화를 내거나, 슬퍼하거나, 무서워한다면 '자연적 아이' 상태라고 할 수 있겠군요. 맞나요?"

"정확해요. 그런데 분노는 좀 더 복잡한 감정이에요. 분노에 대해선 나중에 좀 더 알아보기로 해요."

"아무리 나이가 많이 들었어도 누구나 어린이 자아 상태가 될 수 있나요?"

"그럼요. 어린이 자아 상태가 되면 자신이 어릴 때 했던 그대로 느끼고 행동하게 됩니다. 실제 나이와는 전혀 상관이 없어요."

긴 침묵이 흐르고 토드는 생각에 잠겼다. 이윽고 입을 열었다.

"전 자주 어린이 자아 상태인 것 같아요."

그러곤 또다시 입을 다물었다.

"이제 겨우 반쯤 설명했어요."

"네? 어린이 자아 상태에 대해 더 하실 얘기가 남았나요?"

"물론이죠. 아직 많이 남았어요. 알다시피 이 같은 기본정서가 한데 섞여 어린이의 자연스러운 행동이 나타나는 거예요."

헤런은 차트에 쓰인 단어들을 가리켰다.

"예를 들어 아기는 배가 고프거나 관심이 필요하면 울고, 양껏

먹고 나서 배가 부르면 잠을 잡니다. 이런 자연스러운 감정들은 태어나면서부터 작동하지요. 아기가 신체적으로 성장해가면서 감정도 함께 발달하고 점차 강해지고요.

그런데 이때 다른 요인들이 개입하기 시작합니다. 그 가운데 가장 중요한 요인이 바로 부모예요. 부모는 태어날 때부터 아기의 의식 형성에 영향을 줍니다. 엄마 아빠는 아기가 하는 거의 모든 행동에 반응하고 이런 부모의 반응은 아기에게 막대한 영향을 끼칩니다.

대개 엄마는 아기가 울면 사랑으로 다독여줍니다. 하지만 그렇지 않은 경우도 있지요. 엄마가 몹시 피곤하거나 몸이 아플 경우에는 가혹하게 대하기도 합니다. 아빠의 경우엔 자식을 엄하게 키워야 한다는 생각에 아기가 울어도 '버릇이 나빠질까 봐' 일부러 모른 척하기도 합니다."

"아기들을 연약한 존재라고 보시는군요."

토드가 생각에 잠긴 듯 말했다.

"지금껏 부모가 자녀에게 그런 힘을 발휘하는지 몰랐어요. 자녀를 완전히 지배하고 있군요. 사랑을 줄 수도 있지만 거부할 수도 있고, 안아줄 수도 있지만 학대할 수도 있고. 어떤 부모를 만나느냐는 로또나 다름없네요."

토드는 잠자코 앉아 어린 시절을 회상하며 그때의 감정을 떠올려보았다. 잠시 후 혜런이 다시 이야기를 이어갔다.

"토드 씨 말이 맞아요. 대부분의 부모는 자식을 위해 최선을 다하려고 애쓰며 그 어떤 대가도 바라지 않습니다. 그렇지만 부모도 사람이다 보니 그들의 부모에게서 물려받은 신념과 행동 방식대로 자식을 양육하기 마련이지요. 각각의 부모 밑에서 아이들은 스스로 대처하고 방어하는 법을 배워가야 합니다."

"하지만 그런 대처법을 아이들이 대체 어떻게 배울 수 있다는 거죠?"

생각을 열심히 했는지 토드가 제법 활기를 띤 얼굴로 물었다.

"아기나 어린아이는 논리적으로 생각하지 못하잖아요. 가만히 앉아서 엄마 아빠에게 어떻게 대처할까를 궁리할 수가 없다고요."

어찌나 힘주어 말하던지 심오한 아동심리학의 관점이 아니라 지극히 개인적인 입장을 대변하는 것 같았다. 사실, 그랬다.

"물론, 아기나 유아는 이 같은 문제를 논리적으로 혹은 의식적으로 생각할 수 없습니다. 하지만 경험을 통해 배우지요. 그리고 아이들의 이런 학습 과정에는 뇌뿐만 아니라 자아 전체가 관여합니다. 바로 생존 전략을 배우는 거죠. 부모나 다른 사람들에게 대처할 수 있도록 행동을 익혀나가게 됩니다. 운이 좋으면 그러고 나서도 삶을 즐기기에 충분한 에너지가 남을 수도 있어요.

다시 말해 모든 아이는 처음 맞닥뜨린 상황에 대처하기 위해 자신이 가진 기본 행동들을 상황에 맞게 적응시켜가는 법을 배워야 합니다. 이 같은 적응 과정이 우리의 행동 성장과 발달의 핵심입니다. 물론 성인이 되어 발생하는 많은 사건들도 우리에게 영향을 주지요. 하지만 유아기의 경험이 자아를 형성할뿐더러 우리는 그 경험을 부정할 수도, 잊어버릴 수도 없습니다."

"조금만 천천히요. 이해가 되는가 싶으면 다음으로 넘어가 버려요."

"미안해요. 제가 좀 급하죠? 정말 중요한 문제라서 그래요. 상담을 통해 토드 씨의 어린 시절을 이해하는 것이 당신 자신을 이해하는 열쇠가 됩니다. 프로이트가 '이드Id가 있는 곳에 자아가 있다'라고 했지요. 아, 이 얘긴 나중에 다시 설명할게요. 토드 씨, 특히 이해가 되지 않는 부분이 어디죠?"

"유아기 때 삶에 대처하기 위해 타고난 행동을 '적응'시켜야 한다고 했는데, 그게 무슨 말이죠?"

"아주 좋은 질문입니다. 짤막한 이야기 한 편을 들려드리죠. SF니까 상상력을 맘껏 발휘해보세요.

작은 행성에 생명체라곤 토드 씨와 다른 두 존재, 이렇게 딱 셋만 있다고 해봅시다. 다른 두 존재는 토드 씨보다 키가 두 배는 크고 토드 씨는 음식뿐 아니라 정서적 욕구까지 모든 것을 그 둘에게 의존하고 있어요. 전반적으로 그 둘은 당신에게 잘해주고 당신도 사랑으로 반응합니다. 하지만 가끔씩 그들이 당신에게 화를 내기도 하는데 그럴 때마다 당신은 무섭고 불행합니다. 그 둘이 너무 크고 힘이 세다 보니 당신은 무력하게 느껴집니다. 이 이야기를 들으니 어떤 생각이 드나요?"

"별로 맘에 들지 않네요. 저라면 우주선을 만들어서 최대한 빨리 그들에게서 도망칠래요."

"불행하게도 당신은 도망칠 수 없습니다. 그저 그 상황을 참고 견디며 최선을 다해 대처하는 법을 배워야 하죠."

"그 말은, 이 특별한 상황에 제 행동을 적응시키는 법을 배우는 수밖에 달리 방법이 없다는 말이군요."

토드는 이야기의 본질을 파악했다.

"그렇죠. 제대로 이해했어요. 당신이 이해한 대로 유아기를 빗댄 이야기입니다. 우리는 두 사람 또는 한 사람과 삶을 시작합니다. 그들은 우리보다 훨씬 크고 우리는 그들에게 전적으로 의존하지요. 도망칠 수도 없고요. 할 수 있는 거라곤 그들의 온갖 변덕에 우리를 맞추는 것뿐이에요. 간단히 도표로 그려볼게요."

헤런은 차트에 원을 그리고 그 위에 '어린이 자아 상태'라고 적었다. 다시 원을 가로로 나누고 위에는 '자연적 아이', 아래에는 '순응적 아이Adapted Child'라고 썼다.

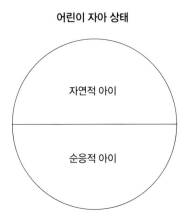

어린이 자아 상태

자연적 아이

순응적 아이

"토드 씨, 오늘은 이만하죠. 시간도 다 됐고 생각할 거리도 많이 드린 것 같네요. 다음 주에 해 올 숙제를 하나 드릴게요."

"이런, 선생님. 숙제라뇨! 숙제라면 지긋지긋해요. 아무래도 이번 주는 안 될 것 같아요. 생각해보니 할 일이 태산이에요. 시내에도 나가야 하고, 다른 것도 할 게 많고….."

토드가 불안한 듯 얼버무렸다. 긴 침묵이 이어졌다.

"그냥 궁금해서 그러는데, 토드 씨가 방금 한 말은 어떻게 해석할 수 있을까요?"

"전 그냥 숙제를 할 수 없는 이유를 말했을 뿐인걸요."

토드는 불편한 듯 헤런을 똑바로 쳐다보지 못했다.

"알아요. 그런데 그게 저에게 어떻게 들렸을까요?"

토드는 자세를 고쳐 앉았다.

"잘 모르겠어요. 전 단지 숙제를 할 수 없는 이유를 말했을 뿐이에요."

"그 이유가 타당할까요?"

둘 사이에 긴 침묵이 흘렀다. 마침내 토드가 입을 열었다.

"변명처럼 들렸다는 거군요?"

"토드 씨 생각은 어때요?"

"그렇게 생각하실 수도 있겠네요. 하지만 전 '숙제'라는 말을 들으면 기분이 나빠져요. 학창 시절에 저녁마다 라틴어 동사를 공부하고 시를 외우느라 힘들었던 기억이 선명하거든요. 다음 날 틀려서 벌받을 생각에 두려웠던 것도요."

"방금 제가 숙제 이야기를 꺼냈을 때 토드 씨는 어떤 상태였을까요?"

"어린이 자아 상태요."

토드가 질문이 끝나기가 무섭게 대답했다.

"오래전에 느꼈던 공포와 불안이 엄습했어요. 선생님, 제가 이런 행동을 하는 게 무슨 문제가 있어서일까요?"

"아니요. 아닙니다."

헤런이 따뜻하게 말했다.

"누구에게나 어린 시절 느꼈던 감정을 떠올리게 하는 말이나 상황이 있어요. 아마 '치과'가 가장 대표적일 거예요."

"윽, 치과! 말만 들어도 싫어요."

토드는 아픈 시늉을 하며 턱을 움켜쥐었다.

"그럼, 무시무시한 '숙제'라는 말은 쓰지 않을게요. 그 대신 다음 상담 때까지 몇 가지 일을 해달라고 부탁해도 될까요?"

"무슨 일을?"

토드는 여전히 약간 방어적인 자세로 물었다.

"그냥 어린 시절에 대해 생각해보기예요. 당신의 어린 시절과 생각나는 최초의 기억들을 떠올려보세요. 그러고 나서 오늘 우리가 함께 나눈 대화가 당신의 어린 시절을 설명하는 데 도움이 되는지 알아보도록 해요. 그럼 안녕히 가세요, 토드 씨. 다음 주에 만나요."

6

내 어린 시절이
어땠더라?

헤런은 토드를 뚫어지게 바라봤다.

그 순간 토드의 목소리와 표정에 그의 마음이 여실히 드러난다고 생각했다.

깊은 슬픔에 빠진 아이처럼 느껴졌다.

그런 토드의 슬픔에 마음이 아팠다.

헤런은 말없이 토드의 기억을 나누고 슬픔을 공유하려고 애썼다.

이른바 공감을 하려 했다. 그런 헤런에게서 토드는

무언의 지지와 이해를 느꼈고 그로 인해 한결 마음이 단단해졌다.

헤런을 만나고 온 후 토드는 줄곧 마음이 이상하고 심란했다. 오랫동안 어린 시절 일들을 잊고 지냈다고 생각했는데 그렇지 않았다. 몇몇 기억이 반복해서 떠올랐다. 특히 부모님과 조부모님에 관한 기억이 머릿속을 떠나지 않았다. 토드는 다락으로 올라가 오래된 앨범을 뒤져 흑백 가족사진을 몇 장 찾아냈다. 그러자 가슴을 에는 듯한 슬픔이 몰아쳤다. 그들이 더 이상 곁에 없어서가 아니었다. 그 누구에게도 추억할 만한 기억이 없어서였다.

엄하고 기대치가 높았던 아버지는 기대치에 못 미치는 토드를, 그럴 능력조차 없어 보이는 토드를 늘 못마땅해했다. 토드가 기억하는 세상은 각자의 분야에서 큰 성공을 거둔 사람들이 사는 곳이었다. 적어도 토드에겐 그래 보였다. 할아버지가 가족 중심의 양조회사를 세우고 아버지가 그 뒤를 이었다. 어린 시절 양조장 이곳저곳을 끌려다니며 소음과 증기와 냄새에 잔뜩 겁을 먹었던 순간이 생각났다. 자신이 그 끔찍한 일을 물려받아야 한다는 것도, 하지만 절대 그 일을 할 수 없다는 것도 토드는 알고 있었다.

말수가 적었던 어머니는 외할아버지에게 순종적이었던 만큼 남편에게도 순종적이었다. 외할아버지는 부주교 자리까지 오른 저명한 성공회 성직자였다. 그런 외할아버지를 딸인 어머니조차 '주교님'이라고 불렀다. 키가 크고 당당한 풍채에 목에는 커다란 십자가를 걸고 있었던, 차를 내올 때면 들뜬 어조로 늘 "아, 케이크가 귀엽군!"이라고 말하던 외할아버지의 모습이 기억났다.

어머니는 가끔은 즐거워 보이기도 했다. 하지만 늘 남편의 눈치를 살피고 혹시라도 남편이 못마땅해하지는 않을까 노심초사했다. 남편의 노여움을 사지 않기 위해 엄격한 양육 방식을 따르다 보니 토드를 일부러 차갑게 대하곤 했다. 살갑게 안아준 적도 거의 없었다.

다음 상담을 예약해둔 날이 다가오자 토드는 이제껏 경험해보지 못한 복잡한 감정을 느꼈다. 사랑받지 못했고 행복하지 않아서 외롭고 힘들었던 어린 시절을 떠올리니 슬프고 우울하기 짝이 없었다. 하지만 자신의 삶에 마치 단역배우처럼 '잠깐잠깐' 등장했던 사람들도 생각났다. 그들은 알게 모르게 부모님과는 '다른' 행동을 보여주고 감정을 불러일으켰다.

그런 일은 주로 크리스마스에 일어났다. 온갖 사람들이 새해 인사를 하러 선물을 들고 찾아왔고 양조장 지하 저장고에 있는 술을 얻어 가고 싶어 했다. 큼지막한 까만색 모자를 쓴 나이 많은 아주머니가 생각났다. 모자를 고정한 핀이 어찌나 크던지 머리를 뚫어버리지 않을까 싶을 정도였다. 마술을 보여주던, 처음 보는 재미있는 사람도 있었다. 단둘이 있을 때 그가 방귀에 불을 붙이는 마술을 보여주어 한바탕 즐거웠다. 불룩한 배에 금 시곗줄을 걸친 나이 많은 아저씨도 있었는데 토드에게 1파운드짜리 금화를 쥐여주곤 허벅지를 아주 세게 움켜쥐었다.

깊은 곳에 자리하고 있던 기억들이 예기치 못하게 밀려들자 강렬하지만 힘없는 분노가 치밀었다. 누구 때문인지, 무엇 때문인지 알 수 없었기에 분노가 무력하게 느껴졌다.

그러다가 화가 나는 자신에게 죄책감이 들기 시작했다. 마음 깊은 곳에서 끓어오르는 분노가 부모님 때문이라는 것을 알기 때문이었다. 이 사실은 혜런에게 말하지 않을 생각이었다. 하지만 이 분노 때문에 해결하기 어려운 문제들이 생겼다. 부모님 딴은 그 나름대로 최선을 다했을 것이다. 더군다나 멋진 저택까지 물려주었다. 오히려 부모님 덕분에 분에 넘치게 살고 있었다. 엎친 데 덮친 격으로 두 사람은 이미 오래전에 세상을 떠났다. 살아 있을 때에도 화를 내기가 힘들었는데 이젠 그나마도 할 수 없었다. 그러나 분노는 사그라지지 않았다. 결국, 토드는 분노에 사로잡힌 채 상담소 벨을 누르고 늘 앉던 자리에 앉았다.

"어서 오세요. 잘 지냈어요?"

"잘 모르겠어요."

토드가 나지막이 대답했다.

"나아지고 있다고 생각했는데 다시 우울해지기 시작했어요. 그래서 걱정되고 무서워요."

"왜 그런 것 같아요?"

"선생님이 내주신 '숙제' 때문인 것 같아요. 어린 시절을 떠올리는 게 정말 고통스러웠어요. 그래서 서글퍼요."

꽤 오랜만에 토드는 울음을 터트렸다.

헤런이 휴지 상자를 건네자 토드는 휴지를 뽑아 눈물을 훔쳤다. 그러곤 한 장을 더 꺼내 코를 세게 풀었다.

잠시 후, 기분이 좀 나아졌냐고 헤런이 물었다.

"신기하게도 좀 괜찮아졌어요."

"당신이 슬픈 데에는 분명 이유가 있어요. 불행했던 시간들을 떠올렸으니 당연히 힘들고 서글펐을 거예요. 그래서 눈물이 난 거죠. 제 말이 맞나요?"

"아마도요."

토드가 훌쩍거리며 말했다.

"하지만 이렇게 흐느껴 울긴 싫어요."

"이해해요. 그렇지만 당신 자신에 대해 더 많이 알고 싶다면 그 감정들을 받아들이고 이해해야 해요. 그 감정들을 무시하고 억누르고 거부하면 사지를 잘라내는 꼴이 되고 말아요. 중요한 신체 일부가 잘려 나가면 정도의 차이는 있을지 몰라도 사실상 불구나 다름없어져요."

"그럼 우는 건 괜찮나요? 아버지는 우는 걸 무척 싫어하셨어요. 제가 울면 '그만 좀 징징대라. 그렇게 계속 울어댔다간 아주 혼쭐이 날 줄 알아'라고 하셨죠. 물론 전 울음을 뚝 그쳤고요."

"당신이 선택하세요. 돌아가신 아버지 말을 따르든가 아니면 스스로 결정하든가."

헤런이 몹시 진지하게 말했다.

"좀 잔인한 거 아닌가요?"

토드가 불편한 듯 말했다.

"울어도 되는지 그게 궁금했을 뿐인데, 햄릿도 아니고 '돌아가신 아버지 목소리' 운운하는 건 너무 극적인 표현 같아요."

"그렇게 생각할 수도 있어요. 하지만 우린 그런 극적인 사건들을 다루는 중입니다. 그런 간단한 질문을 통해 당신이 배워야 할 것과 앞으로 살아갈 인생에 심오한 영향을 끼칠 수 있는 많은 중요한 것들을 알게 되지요."

그제야 토드는 정신이 번쩍 들었다. 눈물이 말라버렸고 그는 바짝 긴장한 채 이야기에 집중했다.

"계속하세요. 듣고 있어요."

"좋아요. 당신이 자신을 더 깊이 들여다볼 수 있도록 최선을 다해 가르쳐볼게요. 어린이 자아 상태에는 '자연적 아이'와 '순응적 아이'가 있다고 이야기했던 거 기억나시죠?"

"그럼요. 몹시 인상 깊었어요. 그 얘기를 더 해보면 좋겠어요. 만반의 준비가 됐습니다."

"좋아요. 그럼 시작해볼까요. 어린 시절 당신에게 가장 큰 영향을 미친 사람은 누구였죠?"

"쉽네요. 그거야 물론 어머니, 아버지죠. 그 뒤에는 조부모님이 계셨고요."

"그럼 먼저 부모님 이야기부터 해볼까요. 아버지는 어떤 분이었나요?"

토드는 주저 없이 대답했다.

"엄격하고 정확한 분이었어요. 툭하면 이런저런 일로 절 야단쳤죠. 절 몹시 못마땅하게 쳐다보며 '테오필루스, 도대체 몇 번을 말해야 되겠니? 그렇게 하지 말란 말이다!'라고 했죠. 늘 나무라고 꾸짖었어요. 그러다 보니 아버지는 항상 옳고 나는 항상 틀렸다고 생각하게 되었죠. 혼나는 게 당연한 일인 줄 알았어요."

"때리기도 했나요?"

"아니요. 그럴 필요가 없었죠. 눈빛 하나면 충분했으니까요! 그러고 나선 절 차갑게 대하곤 했어요. 하긴, 다정하게 대해준 적이 없네요. 가장 가혹했던 벌은 얼음장같이 냉랭한 목소리로 '네 방에 올라가 용서를 빌 마음의 준비가 되거든 그때 내려오너라!' 하는 거였어요.

아주 가끔 놀아준 적도 있었지만 항상 끝이 안 좋았어요. 제가 실수를 하거나 바보 같은 짓을 하곤 했거든요. 어쩌면 아버지 사랑이 너무도 간절했기 때문인지도 모르겠어요. 한번은 무릎에 앉아 있던 저를 밀쳐내더니 어머니를 향해 '이런 행동은 도저히 참을 수가 없군'이라고 하며 방을 나가버렸어요. 저는 그만 울음을 터트리고 말았죠."

토드의 눈에 눈물이 그렁그렁 고였다. 잠시 후 헤런이 물었다.

"어머니는 어떠셨어요?"

"어머니는 아버지 손안에 있었어요. 그래도 아버지보다는 어머니가 더 가깝게 느껴지긴 했어요. 가끔씩 날 안아줬죠. 뭐, 자주는 아니었지만. 아버지가 혼낼 때 어머니에게 달려가면 '토드, 바보 같은 짓 좀 그만해. 아버지가 일부러 그러시진 않았을 거야'라고 말하곤 했어요.

제가 외동이었던 터라 어머니에겐 늘 어린애 같았을 거예요. 한번은 운동회 날 어머니가 학교에 왔는데 친구들이 다 보는 앞에서 계속 '우리 아기 테오'라고 하며 머리를 쓰다듬으려고 하지 뭐예요. 어찌나 당황스럽던지."

"당신이 커가면서 그런 일들은 좀 나아졌나요?"

"아니요. 그럴 리가요. 대학 때 친구들이 집에 놀러 온 적이 있어요. 언제나 그랬듯 아버지는 야단칠 거리를 찾았고 역시나 어머니는 절 당황스럽게 만들었죠. 세상에, 친구들 앞에서 속옷을 갈아입었냐고 묻다니! 지금이야 웃으며 얘기하지만 그 당시엔 얼굴이 어찌나 화끈거렸는지 몰라요.

그뿐만이 아니에요. 재밌는 얘기 하나 해드릴까요? 어머니가 돌아가시기 얼마 전에 용기를 내어 언제까지 절 어린애 취급할 거냐고 물었어요. 그랬더니 뭐라는 줄 아세요?"

"알 것도 같지만, 그래서 뭐라고 하시던가요?"

"'네가 어린애처럼 굴지 않아야 그만두지!'라고 하더군요. 거기다 대고 무슨 말을 하겠어요? 그래서 그냥 나와버렸어요."

"몹시 화가 났겠군요."

"아니요. 화나지 않았어요. 전 화를 못 내요."

토드는 힘없이 웃었다.

"그럼 화가 날 땐 어떻게 하죠?"

헤런이 묻자 토드는 자세를 바로잡고 앉아 침을 한 번 꿀꺽 삼켰다.

"어, 음, 선생님이 말씀하시는 화가 난다는 게 정확히 무슨 뜻인가요?"

"토드 씨, 아실 텐데요."

헤런이 얼른 대답해보라고 토드를 재촉했다.

"화가 날 때는 어떻게 하세요? 마지막으로 화를 낸 게 언제였나요?"

토드는 혼란에 빠졌다. 첫째, 어머니가 그렇게 말했을 때도 화가 났다고 생각하지 않았다. 둘째, 자신이 화가 났다고 인정하기가 어려웠다. 자신이 화가 났다는 사실을 누구라도 알아차린다면 혼날 것만 같았다. 그래서 화를 눌렀고 그 대신 극도의 죄책감을 느꼈다. 그런데 헤런은 왜 갑자기 이런 이야기를 꺼낸단 말인가? 화에 대해 생각하는 것만으로도 토드는 마음이 몹시 불안했다. 화제를 돌리고 싶었다. 하지만 헤런이 토드를 뚫어져라 바라보며 대답을 기다리고 있었다. 계속하는 수밖에 달리 방법이 없는 듯했다.

"솔직히, 마지막으로 화가 난 적이 언제인지 잘 모르겠어요. 그러고 보니 화가 났던 적이 거의 없는 것 같아요. 화를 내봤자 별 소용이 없을뿐더러 그건 제 스타일이 아니에요."

토드는 아무렇지 않은 듯 미소를 지어 보였다.

"화에 대해 생각해본다면 화가 얼마나 쓸모 있는 감정인지 알게 될 거예요. 지난번에도 얘기했지만 분노는 우리가 태어날 때부터 가지고 있는 기본정서예요. 이렇게 생각해봅시다. 어렸을 때 당신이 화를 내면 어떤 일이 벌어질 것 같았나요?"

토드는 헤런의 질문을 곱씹어보았다. 그러자 키가 크고 엄하고 무서웠던 아버지가 떠올랐다. 그리고 그런 아버지 뒤에 인격과 성실성을 갖춘 두 할아버지가 마치 그림자처럼 서 있었다. 그들은 존재만으로도 최고의 도덕 수준을 요구했다. 그들의 초상화가 토드 홀 도서관을 지배하고 있듯이 그의 삶 전반을 지배해왔다고 느꼈다.

"어린 시절을 생각하면 제가 아니라 부모님이 화낸 것만 생각나요. 늘 이래라저래라 명령을 했죠. 아버지는 제가 조금만 잘못해도 화를 냈어요."

"부모가 엄격하고 비판적이면 아이는 그에 대처하는 법과 타고난 행동을 상황에 맞게 바꿔나가는 법을 배워야 하지요. 그 상황에서 아이가 어떻게 할 것 같나요?"

"순응적 아이 상태가 된다는 말인가요?"

"그렇죠. 자연적 아이 상태에서 우리는 예술가의 팔레트 위에 놓인 삼원색 같은 기본정서를 가지고 있다는 것을 기억할 거예요. 하지만 이 선천적인 행동을 특정 상황에 맞게 적응시키는 법을 배워야 하지요. 살아남기 위해, 자신을 지키기 위해 색깔을 좀 더 부드럽게 만드는 거죠. 다시 말해 여러 요인 가운데 부모와 나 자신의 분노에 대처하는 법을 배운다는 뜻입니다."

헤런이 잠시 하던 말을 멈추고 물었다.

"토드 씨, 어떻게 생각하세요?"

"상상이 잘 안 가요."

토드가 신중하게 대답했다.

"정서를 색깔에 비유한 것에 대해 생각하고 있어요. 정서와 감정이 발달 중인 아이와 부모 사이의 갈등을 그림으로 상상해보려 하고 있어요. 부모는 옳고 그름에 대한 생각이 확고한 데다가 아이와는 비교도 안 되게 강한 존재잖아요. 그런데 이 전투에서 어떻게 아이가 살아남죠?"

"성장이 꼭 전투여야 하나요?"

"제 경우엔 그랬던 것 같아요. 어린 시절 비판적인 부모님 밑에서 강한 압박감을 느꼈으니까요."

토드가 말을 멈췄다. 똑딱똑딱, 한구석에 서 있는 대형 괘종시계 소리만 들릴 뿐 방 안이 적막에 휩싸였다. 잠시 후, 토드가 작은 목소리로 말했다.

"그 모든 것에 제가 어떻게 대처했는지 모르겠어요."

"그걸 알아내기 위해 논리적으로 생각해봅시다. 이렇게 물어볼게요. 만약 자신보다 힘이 훨씬 센 사람에게 괴롭힘을 당하는데 도망칠 수가 없다면 어떻게 할 것 같아요?"

토드는 잠시 생각에 잠겼다.

"정말 아무것도 할 수 없다면 자신을 괴롭히는 사람과 잘 지내는 방법을 찾아야겠죠. 그러지 않으면 살 수가 없을 테니까요."

"맞아요. 그래서 어린 시절의 당신도 부모님의 엄격한 요구와 바람에 대처하는 법을 배워야 했던 거 아닐까요?"

잠시 후 토드가 그랬던 것 같다고 대답했다.

"그래서 당신은 어떻게 해야 했나요?"

토드는 한참을 생각에 잠겼다. 지나간 시절을 떠올리자 내면 깊은 곳에서 슬픔과 불행이 밀려왔다. 아주 오래전 일이었지만 그때의 기억과 느낌은 마치 어제 일처럼 선명했다. 하지만 마음 한편으론 정신이 맑아지고 오기가 생기며 이 문제에 대해 객관적으로 생각해볼 수 있을 거라는 느낌도 들었다.

토드가 천천히 말을 이어갔다.

"만약 누군가를 따를 수밖에 없다면 그건 이러쿵저러쿵 반론을 제기할 수도 없다는 말이에요. 무조건 그의 말을 따르고 동의해야 하죠."

"좋아요. 당신이 아주 중요한 것을 찾아낸 듯하니 한번 적어볼게요."

그는 차트에 '순응적 행동'이라는 제목을 달고 그 아래에 '동의하기'라고 적었다.

"또 뭐가 있을까요?"

토드는 한참을 곰곰이 생각했다.

"저는 부모님이 하라는 대로 따랐고 그분들을 늘 기쁘게 해드리고 싶었어요. 잘했는지는 모르겠지만 그래도 부모님이 기뻐하고 절 자랑스러워하기를 바랐던 건 분명해요."

토드는 또다시 깊은 생각에 잠겼다.

"어쩌면 그것 때문에 과시하는 경향이 생겼을지도 몰라요. 부모님은 한 번도 제가 한 일을 마음에 들어 하거나 만족해하지 않는 것 같았어요. 그래서 관심을 얻으려고 과장된 행동을 하고 바보짓을 해댔죠. 선생님, 그럴 수 있나요?"

헤런은 토드를 뚫어지게 바라봤다. 그 순간 토드의 목소리와 표정에 그의 마음이 여실히 드러난다고 생각했다. 깊은 슬픔에 빠진 아이처럼 느껴졌다. 그런 토드의 슬픔에 마음이 아팠다. 헤런은 말없이 토드의 기억을 나누고 슬픔을 공유하려고 애썼다. 이른바 공감을 하려 했다. 그런 헤런에게서 토드는 무언의 지지와 이해를 느꼈고 그로 인해 한결 마음이 단단해졌다.

잠시 후 헤런이 말문을 열었다.

"토드 씨, 그럴 수 있습니다."

헤런은 토드가 느끼는 외로움을 함께 느끼며 아무 말 없이 앉아 있었다.

시간이 어느 정도 흘렀다고 생각했는지 헤런이 정적을 깨고 말했다.

"자, 그럼 계속해볼까요? 늘 부모님을 기쁘게 해드리고 싶었다고 했잖아요. 그것도 순응적 행동 목록에 넣어도 될까요?"

"아, 네."

토드의 목소리에 전보다 힘이 느껴졌다.

"목록에 들어갈 게 하나 더 있어요. '사과하기'요. 지금도 그렇지만 어린 시절에도 그랬어요. 거의 매번 아버지의 화를 가라앉히기 위해 잘못했다고 했어요."

"당신이 직접 적어보는 건 어떨까요?"

토드가 처음으로 크레용을 들고 목록에 '사과하기'라고 써넣었다. 그러곤 헤런에게 몸을 돌려 말했다.

"목록에 적은 말들이 제 과거뿐 아니라 현재를 나타낸다는 생각이 들어요. 이상하게도 과거에 배운 행동들과 지금 하는 행동들이 비슷해요. 이게 놀랄 일인지 아닌지 모르겠지만요."

"어른이 돼서 하는 행동이 어린 시절에 학습된 행동이라는 사실을 깨닫는 것이야말로 놀라운 일이라고 생각해요. 하지만 생각해보면 꽤나 분명하지요. 어린 시절 느꼈던 가장 강렬한 감정을 어른이 되어서도 반복적으로 경험할 수밖에 없거든요. 어느 시인이 '아이는 어른의 아버지'라고 한 건 그런 의미가 아닐까요? 괜찮다면 이 목록에 하나 더 적어 넣고 싶은 게 있어요."

"그게 뭔가요?"

"'의존하기'예요."

잠시 멈칫하더니 토드가 물었다.

"저기, 아이들은 다 부모에게 의존하는 거 아닌가요? 작고 힘이 없는데 의존하는 게 당연하잖아요."

"물론이죠. 하지만 대부분의 경우, 성장의 본질은 의존성을 줄여가다가 마침내 의존관계의 끈을 끊고 독립적이며 자율적인 사람이 되는 겁니다. 극히 일부가 완전한 독립을 이루고 일부는 부분적인 독립을 하죠. 그리고 대다수는 평생 부모에게 의존해 살아갑니다."

"그게 순응적 행동과 무슨 상관이 있죠?"

토드가 다소 조심스럽게 물었다.

"순응적 행동은 의존적인 삶의 방식을 초래할 수 있어요. 다시 말해, 결코 어른이 되지 못하는 거죠."

"저를 말씀하시는 것 같군요."

토드가 피식 웃음을 터트렸다.

"네, 아마도요."

처음으로 헤런도 따라 웃었다. 아주 오랜만에 웃는 사람처럼 다소 메마른 웃음이었다. 하지만 진심에서 우러난 웃음이었기에 씁쓸하게 웃던 토드는 비로소 시원하게 웃어젖힐 수 있었다.

"죄송해요."

토드가 눈물을 닦으며 말했다.

"너무 진지해서 갑자기 이 모든 상황이 우습게 느껴졌지 뭐예요. 저도 모르게 웃음이 터졌어요."

"괜찮습니다. 시간이 다 됐네요. 우리가 같이 웃을 수 있어 참 좋아요."

토드를 문까지 배웅하고는 헤런이 말했다.

"토드 씨, 당신은 점점 좋아지고 있어요. 아직 갈 길은 멀지만 확실히 배움의 길에 발을 들여놓았어요. 다시 예전으로 돌아가진 않을 거예요."

헤런이 따뜻하게 손을 흔들어주곤 상담소 문을 닫았다. 강둑을 따라 집으로 돌아오면서 토드는 아주 오랜만에 행복했다.

7

나는 왜
화를 내지 못할까?

"분노가 기본정서인데 왜 저는 화를 내지 못할까요?"

"로드 씨, 정말 좋은 질문이에요. 하지만 좋은 질문들이 모두 그렇듯,

대답을 찾으려면 자신을 들여다봐야 하고 그건 고통스러운 일이 될 거예요.

마음의 준비는 됐나요?"

"여기까지 왔는데 이제 와서 그만둘 순 없죠."

다음번 상담을 앞두고 일주일 내내 토드는 자신이 느끼는 분노에 대해 생각하고 또 생각했다. 그 결과 화가 나면 스스로 죄책감을 느낀다는 것을 깨달았다. 아버지를 제외하면, 성인이 되고 나서 그에게 가장 많이 화를 낸 이는 배저였다. 몸집이 크고 힘이 센 배저는 오래전 자동차에 푹 빠져 있던 토드를 호되게 나무랐다. 어찌나 무섭게 몰아붙이던지 토드는 후회의 눈물을 흘리며 새사람이 되겠노라고 약속했었다. 그동안 얼마나 많이 혼났던가! 배저는 절대 심리상담사는 될 수 없겠다는 생각이 들었다. 왜냐하면 그는 남의 말을 귀 기울여 듣지 않으니까. 누구나 화가 나면 그렇겠지만 배저는 이래라저래라 훈계를 하고 단점을 꼬집어 나무라고 싶어 했다.

배저와 있었던 한 가지 사건을 곰곰이 되짚어봤다. 몇 년 전 아주 힘든 시기를 보내던 때였다. 당시 토드는 끔찍한 차 사고를 한두 차례 정도 냈다. 그러자 배저가 몰과 랫을 데리고 토드 홀에 느닷없이 들이닥쳐서는 버릇을 몽땅 고쳐놓겠다고 으름장을 놓았다.

배저는 그를 토드 홀 흡연실로 데려가 호되게 훈계를 늘어놓았고 결국 토드는 잘못을 뉘우치며 눈물을 흘렸다. 그러자 무서운 배저는 친절한 아버지 행세를 했고 이에 마음이 놓인 토드는 다시 원래대로 돌아갔다.

그때 배저는 토드에게 랫과 몰 앞에서 잘못을 털어놓고 자신이 얼마나 어리석은 짓을 했는지 공개적으로 인정하라고 했다. 물론 토드는 그럴 생각이 없었다. 그때 상황과 자신이 했던 말들을 정확히 기억했다.

"아니요. 전 잘못한 게 없어요. 그리고 그건 절대 바보 같은 짓이 아니었어요. 정말 멋진 일이었다고요!"

배저가 아연실색하자 토드는 서둘러 덧붙였다.

"그래요. 흡연실에서는 그랬죠. 거기서는 무슨 말이라도 했을 거예요."

그랬다. 사실, 뉘우치는 척하면 배저가 더 이상 야단치지 않을 거란 걸 알고 있었다. 진심에서 우러난 반성이 아니었으며 달라질 생각 따윈 추호도 없었다.

'하지만 앞으로도 또 그러겠지. 화를 내는 건 내가 아니라 늘 다른 사람일 테고. 도대체 이유가 뭘까?'

그렇게 일주일이 지나고 상담하는 날이 돌아왔다. 어느새 토드는 혜런을 마주한 채 익숙한 상담실에 앉아 있었다.

"좋은 아침입니다, 토드 씨."

혜런이 인사를 건넸다.

"오늘은 기분이 좀 어떤가요?"

"좀 좋아진 것 같아요. 잠도 잘 자고 이것저것 흥밋거리도 조금씩 생기고 있어요. 글쎄, 제가 신문을 다 읽고 있지 뭐예요. 예전 같으면 귀찮아서 거들떠보지도 않았거든요."

"정말 잘됐네요. 그럼 감정온도계의 어디쯤 있다고 할 수 있을까요?"

혜런이 차트를 넘겨 첫 상담 때 그렸던 도표를 펼쳤다. 단순한 수직선에 1부터 10까지 쓰여 있었다.

"5에서 6 정도인 것 같아요."

"처음에는 어디였는지 보이세요?"

혜런이 몇 주 전 토드가 표시한 지점을 가리켰다. 1과 2 사이였다. 잠시 침묵이 흘렀다. 침묵에 제법 익숙해진 토드가 가만히 헤런을 바라보았다.

한참 만에 토드가 물었다.

"선생님, 오늘은 제가 상담 주제를 정해도 될까요?"

"물론이죠. 정말 반가운 일인데요. 사실, 주제를 정한 건 언제나 토드 씨였답니다. 전 상담 때마다 그날의 주제에 대해 토드 씨가 통찰력과 깨달음을 얻을 수 있도록 도왔을 뿐이지요. 토드 씨 스스로 상담 주제를 정할 수 있다면 우리가 제대로 잘하고 있는 겁니다."

"음, 오늘은 저 자신의 분노를 분석해보고 싶어요. 좀 더 정확히 얘기하자면, 저는 왜 화를 못 내는지 알고 싶어요. 지난번 상담 때 비판적인 부모에게 대처하기 위해 제가 행동을 어떻게 적응시켰는지 살펴보았고 선생님은 그걸 두고 '순응적 행동'이라고 하셨어요."

"네, 맞습니다. 여전히 차트에 있지요."

헤런이 차트를 넘겼다. '순응적 행동'이라는 제목 밑에 '동의하기', '기쁘게 하기', '사과하기', '의존하기'라고 쓰여 있었다.

"부모의 분노와 공격으로부터 자신을 방어하기 위해 토드 씨가 한 행동들이지요. 자, 뭐가 궁금한가요?"

"간단한 질문인데 답을 못 찾겠어요. 왜 저는 화를 못 낼까요?

그게 알고 싶어요."

"화를 내본 적이 없나요?"

"글쎄요. 배저 아저씨처럼은 없어요. 아저씨는 화를 낼 때 무섭고 엄한 표정을 짓고 성난 목소리로 크게 소리를 지르며 저를 향해 삿대질을 해요. 장담컨대 너무 무서워서 아주 간담이 서늘해진다니까요!"

"토드 씨는 그렇게 화를 낸 적이 한 번도 없나요?"

토드는 골똘히 생각해보았다.

"한 번 있었던 것 같아요. 우리 집을 점거한 와일드우드 숲에 사는 악당들에 맞서 친구들과 함께 싸웠을 때요. 너무 화가 나서 마구 소리를 지르며 대장 족제비에게 곧장 달려들었죠. 그놈을 있는 힘껏 마구 두들겨 패고 다른 놈들과 같이 내쫓아버렸어요. 하지만 그건 매우 이례적인 경우였어요. 악당들을 몰아내고는 완전히 뻗어버려서 다음 날 점심때까지 꼼짝도 할 수가 없었어요. 정말이지 저랑은 맞지 않는 일이었죠. 전 싸움이라곤 모르거든요. 그래도 그날 저녁에 한 일은 뿌듯했어요. 솔직히 아주 자랑스러웠죠."

"그럴 만도 했겠어요."

헤런이 따뜻하게 말했다.

"그런데 토드 씨가 궁금한 게 뭔지 아직 정확히 모르겠어요. 질문을 좀 더 명확히 해줄 수 있을까요?"

"네, 그럼요. 2주 전 상담 때 분노가 우리 기본정서 중의 하나라고 하셨잖아요. 저도 동의했고요. 그리고 그 기본정서는 예술가의 팔레트 위에 놓인 삼원색 같다고 하셨죠. 그래서 말인데요, 분노가 기본정서인데 왜 저는 화를 내지 못할까요?"

"토드 씨, 정말 좋은 질문이에요. 하지만 좋은 질문들이 모두 그렇듯, 대답을 찾으려면 자신을 들여다봐야 하고 그건 고통스러운 일이 될 거예요. 마음의 준비는 됐나요?"

토드는 헤런을 똑바로 쳐다봤다.

"여기까지 왔는데 이제 와서 그만둘 순 없죠."

"맞아요. 감정과 정서에 관한 질문이긴 하지만 우리 뇌와 이성을 이용해 접근하는 편이 가장 좋아요. 예를 들어 다음과 같은 상황에 처했다고 생각해봅시다. 당신이 마음씨 착한 폭군들에게 잡혔어요. 그들의 지배하에 아무것도 할 수 없는 상황인 거죠. 그런데 그 폭군들이 당신을 보살피고 돌봐줍니다. 그런 상황이라면 기분이 어떨 것 같아요?"

"여러 복합적인 감정이 들 것 같아요."

"맞아요! 바로 그것이 어린 시절 당신이 경험한 감정입니다. 친절한 폭군들에게, 다시 말해 당신보다 우위에 있고 당신이 전적으로 의존하는 부모님에게 어떻게 화를 낼 수 있겠어요? 더군다나 당신이 사랑하는 사람들인데."

토드는 깊은 생각에 잠겨 꼼짝도 하지 않았다.

"진정한 딜레마군요. 제 안의 분노가 절대 이길 수 없는 부모님의 힘과 맞닥뜨렸을 때 어떤 일이 벌어졌을까요?"

"제가 보기엔 대답은 하나뿐인 것 같아요."

"그게 뭐죠?"

"공격하지 않고 화내는 법을 배워야 했겠죠."

"하지만 그건 불가능해요."

토드가 재빨리 대답했다.

"화를 낸다는 것은 당연히 공격적이 된다는 의미잖아요. 그것보다, 화를 완전히 억누르는 법을 배우지 않았을까요?"

"글쎄요. 분노는 인간의 기본정서라서 완전히 억압할 수가 없어요. 과학 실험으로 다시 예를 들어볼게요. 이제 막 가열되기 시작한 가스 실린더가 있다고 해봅시다. 압력이 점점 높아져서 폭발할 지경이에요. 이때 재빨리 압력을 낮추려면 어떻게 해야 할까요?"

"가장 먼저 할 수 있는 확실한 방법은 가능한 한 밸브를 열어 가스를 최대한 대기 중으로 배출하는 것이겠죠."

"맞아요. 어떤 사람들은 이런 식으로 분노에 대처하는 법을 배웁니다. 강력하게 뿜어져 나오는 가스처럼 목표물을 향해 분노를 표출하지요. 그러곤 다시 원래대로 돌아갑니다. 그런 행동이 다른 사람에게 준 상처나 인간관계에 미친 악영향은 잊어버리거나 의도적으로 모른 척해요."

"그래서 제가 화는 공격적이라고 말한 거예요."

토드는 자신이 했던 말을 다시 한번 강조했다.

"맞습니다. 이 경우엔 그렇죠. 그게 제가 설명하려는 것이기도 하고요. 그런데 말이에요, 다시 한번 생각해봅시다. 가스 실린더가 점차 뜨거워지고 내부의 압력이 올라가고 있어요. 압력을 줄일 수 있는 다른 방법은 없을까요? 덜 극단적인 방법으로는 어떤게 있을까요?"

"좀 더 안전한 방법을 원한다면 시간을 두고 천천히 밸브를 열어 가스를 조금씩 새어 나가게 하면 될 것 같아요. 그게 선생님이 생각하는 방법인가요?"

"네, 맞습니다. 이해하셨군요! 당신뿐 아니라 많은 사람들이 공격하지 않고 화내는 법을 터득합니다. 당신은 당신 때문에 다른 누군가가 화나지 않도록 천천히 그리고 부드럽게, 거의 알아차릴 수도 없게 화를 표출하는 법을 터득한 거죠."

"하지만 어떻게요?"

토드가 애원하듯 물었다.

"전 그렇게 한 기억이 없는데요."

"짜증을 낸 적은 있나요?"

"네? 그게 무슨 화예요?"

놀란 토드가 물었다.

"짜증이야 별 쓸모도 없을뿐더러 짜증을 내봤자 얻는 것도 없잖아요."

"토드 씨, 바로 그거예요."

헤런이 차분하게 말했다.

"짜증은 어린아이들이 분노를 표현하는 방식이에요. 어린아이에게 '안 돼!'라고 말했을 때 종종 보이는 반응이지요. '안 돼'라고 하면 아이는 화가 나지만 상대방을 때릴 수도, 공격할 수도 없습니다. 할 수 있는 일이라곤 바닥을 뒹굴며 떼를 쓰는 것뿐이지요. 어른이 그러면 '성질부린다'고 하겠죠."

"지금껏 살면서 몇 번 그랬던 것도 같네요. 하지만 최근 들어선 그런 적이 없어요. 그런데 선생님이 그런 비공격적 형태의 분노는 시간을 두고 천천히 사그라진다고 하셨잖아요. 그런데 짜증은 오래가지 않잖아요."

"그렇죠. 한동안 지속되는 짜증도 있긴 합니다만. 그렇다면 몇 시간 혹은 며칠간 지속되는 반응에는 어떤 게 있을까요?"

"예를 들면요?"

"토라지는 건 어때요?"

"토라지는 거요?"

토드가 되물었다.

"토라지는 게 화내는 건가요? 그렇게 생각해본 적이 없어서."

"누군가 평소와 달리 말이 없어지고 시무룩해져서는 뚱할 때 토라졌다고 하죠. 제 생각엔 말이에요, 순응적 아이의 행동 가운데 토라지는 것은 화를 누그러뜨리기 위해 시간을 버는 가장 좋은 예 같아요. 대개 아이들이 자기 마음대로 할 수 없을 때 권위를 가진 사람에게 보이는 일반적인 반응이지요. 성인들도 우위를 차지하려는 싸움에서 졌을 때 종종 토라지기도 해요. 토라진다는 것은 기본적으로 힘 있는 승자에 대해 패자가 보이는 반응입니다.

좀 전에 우리가 나눈 이야기대로 하는 거예요. 토라짐으로써 조금씩 서서히 분노를 분출시켜 그 힘을 줄여나가는 겁니다. 그렇게 하다 보면 공격성도 줄어들지요."

한참 동안 생각에 잠겨 둘 다 말이 없었다. 토드는 자신의 행동 대부분이 순응적 아이에서 비롯되었다는 생각이 들기 시작했다. 헤런은 혼자만 말을 많이 한 건 아닌가 싶어 이 문제에 관해 토드가 얼마나 이해하고 있는지 살폈다.

마침내 토드가 물었다.

"화를 내는 방법으로 어린아이가 터득한 행동에는 또 뭐가 있나요?"

"수백 가지가 있지요. 어린 시절 각자가 처한 상황에 맞게 자기 나름대로 방법을 터득했을 겁니다. 그건 마치 여러 감정과 정서로 이뤄진 하나의 거대한 행동 모자이크 같지요."

"어떻게 생겼는지 보여줄 수 있나요?"

"물론이죠. 도표로 보여드릴게요."

헤런이 차트에 아래와 같은 도표를 그렸다.

어린아이의 분노 표출 방법

"당신도 깨닫기 시작했겠지만, 사실 여기서 핵심은 이 모든 행동 전략이 진짜든 상상이든 위험을 감지하고 자신을 보호하기 위해 어린 시절 우리가 만들어낸 방어기제라는 겁니다. 성인이 토라지거나 짜증을 내거나 지루하다고 투덜거릴 때 그런 행동이 적절한 것인지 아니면 어린 시절 경험 때문에 그렇게밖에 표현할 수 없는 건 아닌지 생각해볼 수 있겠지요."

"그런데 그게 잘못된 건가요? 가끔은 어린애처럼 행동할 수도 있지 않나요?"

자신을 '나무란다고' 느꼈는지 토드가 퉁명스럽게 물었다.

"도덕적 관점으로 봤을 때 '잘못된' 것은 없습니다. 분석은 좋다 나쁘다를 판단하는 게 아니니까요. 하지만 어린애 같은 행동은 두 가지 부정적인 결과를 일으킵니다. 하나는 비웃음을 살 수 있다는 거예요. 다 큰 성인이 짜증을 내거나 토라지면 창피할 뿐만 아니라 남들이 웃을 일이지요. 그보다 중요한 건, 그런 행동이 스스로 패자임을 드러내고 입증한다는 겁니다."

"그 말을 들으니 기분이 몹시 나쁘네요. 지금껏 상담한 결과가 제가 그동안 어리석게 살았다는 건가요? 그럼, 전 어떻게 해야 하죠? 전 언제쯤 어른이 되는 법을 배울 수 있을까요?"

"그 문젠 다음 상담 때 이야기할까요?"

헤런이 미소 지으며 토드를 문까지 배웅했다.

8

그들은 왜
나에게만 무례할까?

토드는 몹시 혼란스러웠다.

화가 치밀어 올라 배저의 코를 한 대 후려치고 싶었다.

어떻게 감히! 어떻게 감히 한마디 상의도 없이 몰래 이사장을 찾아가

자신을 학교 이사회에서 쫓아내려 한단 말인가!

어쩜 이렇게 뻔뻔할 수가!

늦은 오후 토드는 크리켓 경기를 시청하고 있었다. 토드는 크리켓을 즐겨 했다. 이제 더 이상 경기는 뛰지 않지만 여전히 마을 크리켓팀의 대표를 맡고 있었고 모든 지역 대항전에 지대한 관심이 있었다. 차를 끓여볼까 하던 차에 초인종이 울렸다.

토드 홀엔 더 이상 하인들이 없었다. 일하는 아주머니가 일주일에 두 번 청소하러 왔고 많고 많은 큰 방들은 아예 문을 잠가버렸다. 토드는 주로 따뜻하고 아늑한 주방에서 지냈다. 주방 옆쪽에 식사를 할 수 있는 작은 공간이 있는데 그곳에 TV가 있었다. 창문 너머로 아름다운 정원과 강도 내다볼 수 있었다. 토드는 중앙 현관문은 닫아둔 채 늘 뒷문을 이용했다.

초인종 소리에 벌떡 일어나 길고 어두운 복도를 지나서 빗장을 열고 사슬을 푼 뒤 큼지막한 철문을 열었다. 뜻밖에도, 배저가 서 있었다!

"토드, 잘 지냈나?"

배저가 사무적인 말투로 인사를 건네고 복도를 따라 보란 듯이 성큼성큼 안으로 걸어 들어갔다.

토드는 무슨 영문인지 몰라 어리둥절한 채 문을 닫고 서둘러 뒤쫓아가면서 미리 온다고 말해주지 그랬냐며 집이 엉망이라서 죄송하다고 했다. 그러자 매번 횡설수설하는 자신이 바보처럼 느껴졌다.

아버지의 절친한 친구였던 배저는 토드 홀을 속속들이 잘 알았다. 배저가 응접실 문을 막 열려던 찰나 토드가 막아섰다.

"요즘엔 거길 잘 쓰지 않아서요. 이쪽으로 오시죠."

사실, 지난 몇 년간 사용하지 않아서 응접실은 먼지와 곰팡이가 가득한 데다 커튼마다 거미줄이 주렁주렁 달려 있었다.

토드는 배저를 주방 옆 작은 거실로 데려갔다. 바닥에 나뒹구는 신문을 주섬주섬 치우고 슬리퍼는 테이블 밑으로 슬쩍 밀어 넣고는 배저에게 앉으라고 했다. 토드는 안절부절 어쩔 줄을 몰라 했다.

"뭐라도 좀 드릴까요? 차나 케이크라도?"

"아니, 괜찮아. 난 주전부리는 일절 안 하거든. 그나저나 TV 좀 끄지? 이거야 정신 사나워서 원."

그러고 나서 한마디를 덧붙였다.

"TV를 보기엔 좀 이른 시간 아닌가? 난 6시 전엔 절대 TV를 켜지 않아. 그것도 뉴스 때문에 어쩔 수 없이 켜는 거지. 뉴스 말곤 볼만한 게 있어야 말이지."

토드는 문제의 TV를 후다닥 꺼버렸다. 그러곤 의자 끝에 걸터앉아 슬쩍 말을 건넸다.

"날씨가 점점 풀리는 것 같아요. 어느덧 크로커스(이른 봄 작은 튤립 모양의 꽃이 피는 식물―옮긴이)가 피기 시작하던걸요."

"어디 크로커스뿐이겠어?"

배저가 놀란 듯 물었다.

"너, 우리 집 수선화를 못 봤구나. 잔뜩 피었어."

토드네 수선화는 이제 겨우 삐죽이 고개를 내밀었다. 정원 관리를 너무 못한 것 같아 부끄러운 마음이 들었다.

"그건 그렇고, 달라져야 한다는 충고를 잘 새겨들으면 좋아질 거야."

배저가 딱딱하게 말했다.

"죄송해요."

토드는 기계적으로 대답하고 나서 얌전히 앉아 다음 말을 기다렸다.

"이봐, 토드. 내가 여기 온 이유는 너와 꼭 의논할 일이 있어서야. 요즘 들어 너답지 않게 집에만 틀어박혀 있는 거 알아. 하지만 세상은 쉬지 않고 움직이지. 네 상태가 좋지 않다고 해서 세상이 멈추진 않아."

"그럼요. 그렇게 생각하면 천치 바보지요."

"그래서 말인데, 내가 나서야 할 것 같아. 네 아버지도 분명 그러길 바랄 거야."

"그럼요. 아버지도 바라셨을 거예요."

토드가 얼버무렸다. 그러나 배저가 무슨 말을 하는지 도통 알 수가 없었다.

"너, 내가 무슨 말을 하려는지 알고 있지?"

"정확히는 잘…. 조금만 구체적으로 말씀해주시겠어요?"

"네가 맡고 있는 마을 학교 이사직 말이야."

"아, 네. 최근 들어 회의에도 여러 번 빠졌어요. 왜냐하면…."

토드가 하던 말을 멈췄다.

"몸이 좀 안 좋아서요. 하지만 곧 다시 나갈 생각이에요."

마을 학교는 두 학급으로 규모가 작았다. 그렇지만 여러 세대에 걸쳐 마을 사람들의 교육을 맡아왔다. 사람들이 근처 도시로 이사를 하면서 학생 수가 줄었고 그러다 보니 아예 문을 닫아야 한다는 이야기도 나왔다. 하지만 토드는 학교를 그대로 유지하고 싶었기에 기금 마련과 학교 성립 기준 유지에 힘쓰며 위원회 활동에 많은 시간을 할애해왔다.

"바로 그거야. 네가 최근 들어 회의에 참석하지 않는다는 걸 다들 알고 있어. 게다가 중요한 안건도 있고."

"네, 저도 알아요. 다음번 회의에는 참석할 생각이에요."

사실 토드는 방금 지난번 회의록을 받아 보았고 이사장으로 있는 교구 목사에게 다음번 회의에는 꼭 참석하겠노라고 편지를 쓰려던 참이었다.

"하지만 그때까지 나아질 기미가 보이질 않잖아. 지금도 안색이 안 좋아. 심리상담사는 뭐라고 하던? 우울증이라지? 별일이지, 난 살면서 우울해본 적이 없는 것 같은데. 워낙 할 일이 많아. 그러니 앉아서 걱정 따위 할 시간이 있을 수가 없지."

토드는 배저가 비난하는 눈초리로 자신을 바라보는 게 느껴졌다. 화가 나기 시작했다. 그러나 어느새 비참한 기분이 들었다. 토드는 배저가 무슨 생각을 하는지 알 수 있었다. 배저는 토드가 꾀병을 부린다고 생각했고 정신을 번쩍 차린 다음 하루빨리 달라지기를 바라고 있었다.

"이사장과 의논했더니 알겠다고 하더라. 그러니 넌 그 문제에 대해 걱정할 것 없어."

"뭘 알겠다고 했는데요?"

토드가 걱정스레 물었다.

"내가 네 자릴 인수받는 문제 말이야. 내가 시간이 남아돌아서
하겠다는 건 아니야."

배저가 반달 모양 안경 너머로 토드를 내려다보며 단호하게
말했다.

"구의원과 지역구 일만으로도 몹시 바빠. 그래도 할 수 있는 사
람이 해야 하지 않겠니?"

"그렇지만 전 아직 이사회 일원인걸요. 아저씨도 아시잖아요."

토드가 용기를 내어 말했다.

"알지, 하지만 네가 건강상의 이유로 사직하면 별도의 선출 과
정 없이 나를 이사로 선임하겠다고 했어. 그래서 말인데, 네가 지
금 사직서를 써주면 내가 이사장에게 바로 가져다줄게. 우편으
로 보내는 수고도 덜고, 어때?"

토드는 몹시 혼란스러웠다. 화가 치밀어 올라 배저의 코를 한
대 후려치고 싶었다. 어떻게 감히! 어떻게 감히 한마디 상의도
없이 몰래 이사장을 찾아가 자신을 학교 이사회에서 쫓아내려
한단 말인가! 어쩜 이렇게 뻔뻔할 수가! 토드는 학교 이사회 활
동이 정말 즐거웠다. 자신이 학교를 위해 뭔가 할 일이 있다고 느

껐고, 토드 홀 잔디밭에서 매년 학교 여름 축제를 준비하는 일도 좋았다.

그런데 문득 배저의 말이 맞을지도 모른다는 생각이 들었다. 어쩌면 배저에게 이사 자리를 내주는 편이 나을지도 몰랐다. 배저라면 분명 넘치는 에너지로 일을 잘 처리할 것이다. 반면 화를 내고, 진득하니 기다리지 못하고, 다른 사람들의 비위를 건드릴 수도 있었다. 본인 대신 배저를 이사 자리에 앉히면 그 정도 대가는 치러야 한다고 생각했다. 하지만 대가치곤 너무 크지 않은가?

"그래, 지금 사직서를 쓸래?"

배저가 조바심을 내며 물었다.

토드는 어찌할 바를 몰랐다. 배저는 강하고 자신감이 넘쳐 보였고 그에 비해 자신은 약하고 자신감이라곤 없었다.

"하루 이틀 생각할 시간을 좀 주세요."

토드가 기어들어가는 목소리로 말했다.

"그래도 오랫동안 해온 일이라 그만두고 나면 못내 아쉬울 것 같아요."

"그렇겠지. 며칠 고민해봐. 하지만 감상적으로 생각해선 안 된다. 학교를 위해 어떻게 하는 편이 좋을지 잘 생각해야 해! 개인적인 감정이 개입되어선 안 돼."

"그럼요. 물론이죠, 아저씨. 제 생각만 하지 않을게요."

"생각해보고 오늘 저녁쯤 전화 줄래? 그럼 이사장에게 바로 연락해서 일을 처리할 시간이 될 것 같은데."

토드는 용기를 냈다.

"시간이 더 필요할 것 같아요. 내일 저녁쯤 전화드릴게요."

내일 오전에 상담이 잡혀 있으니 헤런과 상의해볼 참이었다.

"알겠다. 우유부단한 건 여전하구나. 너의 그런 성격 때문에 오늘 헛걸음을 했어. 문제를 잘 들여다보고 해결책을 찾아 결단을 내려. 그게 내가 일을 처리하는 방식이야."

배저가 자리에서 일어났다.

"혼자 갈 수 있으니 나올 것 없다. 그리고 너 말이야."

배저가 덧붙였다.

"나라면 일찌감치 잠자리에 들 거야. 안색이 안 좋아 보여. 자기 몸은 자기가 챙겨야 해. 건강이 최우선이라고 내가 늘 얘기했잖아."

그렇게 말하곤 배저는 자리를 떴다.

토드는 간신히 소다수를 탄 독한 브랜디 한 잔을 마시고 소파에 쓰러졌다.

9

나는 왜
나를 판단할까?

"토드 씨, 좀 더 개인적인 부분으로 들어가도 될까요?

제 말은, 토드 씨의 내면 깊숙한 곳으로 들어가봐도 괜찮을까요?"

"네. 괜찮아요. 상처는 받겠지만 많은 걸 새롭게 깨닫는 중이에요.

알아서 다 좋은 건 아니겠지만요."

"무슨 마음인지 압니다.

하지만 '고통이 없으면 얻는 것도 없다'라는 말도 있잖아요."

토드는 다음 날까지 기다리기가 힘들었다. 화가 치밀어 올라 펄쩍펄쩍 뛰었다. (그 순간 펄쩍펄쩍 뛰는 행동이 두꺼비에게 어울린다는 생각이 들었다.)

"헤런을 만날 때까지만 참자."

토드는 혼잣말로 중얼거렸다.

"헤런은 내 말을 절대 믿지 않을걸! 배저가 불쑥 찾아와 이사직을 포기하라고 했다고 하면 그 말을 믿겠어? 한 번만 더 그 낯짝을 내밀어보라지. 그랬다간 가만 안 둘 거야! 아주 본때를 보여줘야지!"

마음속에서 분노와 격분이 일었다. 끓어오르는 감정과 분노! 하지만 겉으로 봐선 토드의 분노가 얼마나 강렬한지 전혀 티가 나지 않았다.

저녁이 되자 분노가 누그러들고 또다시 슬프고 비참한 평상시 모습으로 돌아갔다.

'결국 아저씨 말이 맞아. 나보다 아저씨가 이사로 제격일 거야. 아저씬 추진력과 결단력이 대단하잖아. 난 그저 토드 홀에 산다는 이유로 이사가 됐는지도 몰라. 그래야 학교 여름 축제 때 우리 집 정원을 빌려 쓸 수 있었을 테니까.'

그날 밤 토드는 잠을 설쳤고 새벽같이 눈이 뜨였다.

다음 날, 토드는 우울하고 비참한 기분으로 상담소로 향했다. 헤런이 토드를 맞으며 인사를 건넸다.

"안녕하세요, 토드 씨. 오늘 기분은 어떤가요?"

"젠장맞을, 아주 더러워요."

평소 욕과는 거리가 먼 토드지만 허리케인이 지나간 것처럼 한바탕 분노가 휩쓸고 지나간 흔적이 역력했다.

"무슨 일이 있었나요?"

토드는 배저가 찾아와 이사직을 사퇴하는 게 좋겠다며 얼마나 그를 힘들게 했는지 이야기했다.

"그래서 기분이 어땠나요?"

"끔찍했어요. 저 자신이 아무짝에도 쓸모없는 존재처럼 느껴졌어요. 그래서 사퇴하기로 마음먹고 이사장에게 편지를 보내려고요. 그게 모두에게 최선일 거예요."

헤런은 한참 동안 아무 말도 하지 않았다. 토드의 상황을 이해하지 못해서가 아니었다. 오히려 너무 잘 이해하고 있었다. 하지만 어떤 학습 방식으로 접근해야 할지 확신이 서질 않았다. 마침내 헤런이 입을 열었다.

"토드 씨, 축하해요. 게임을 아주 잘하는군요."

토드는 영문을 몰라 헤런을 쳐다봤다.

"게임이라니, 대체 무슨 게임이요? 전 게임 같은 걸 한 적이 없는데요."

"아니요. 당신은 PLOM 게임을 아주 잘하고 있어요."

"PLOM? 그게 뭐죠?"

"PLOM은 '작고 불쌍한 어린 시절의 나Poor Little Old Me'의 머리글자로 당신이 매번 이기는 게임이에요. 아니, 질 수도 있겠군요. 당신이 어떻게 생각하느냐에 따라 승패가 정해지니까요."

"도대체 무슨 소린지 모르겠어요."

토드가 짜증을 냈다.

"전 게임을 하는 게 아니라고요. 저한테 벌어진 불쾌하기 짝이 없는 일을 솔직하게 털어놨더니 지금 저보고 선생님과 게임을 한다는 거예요?"

토드가 비난의 눈초리로 쏘아봤다.

"'솔직'이라는 말은 참 재미있어요."

"지금 제가 솔직하지 못하단 말인가요?"

토드는 슬슬 화가 나기 시작했다. 토드네 가훈은 '너의 명예를 지켜라'였다.

"네, 그런 것 같아요."

헤런의 대답은 의외였다.

"하지만 일반적 의미의 솔직함을 말하는 게 아니에요. 당신 자신에게 솔직하지 못하다는 거예요. 나는 어리석게 보이고 상대방은 나를 지배하고 그래서 난 다시 불쌍한 어린아이처럼 느껴지는 상황이 왜 자꾸 딩신에게만 일어날까요? 단지 운이 나빠서일까요 아니면 어떻게든 그런 식으로 결탁하기 때문일까요?"

"'결탁'이라니, 그게 무슨 말이죠?"

"비밀협정 같은 거예요. 비밀리에 아니면 자신도 모르는 사이에 다른 사람들을 끌어들여 자신을 불행하게 만드는 건데 이것을 두고 '결탁'이라고 해요. 그래서 당신이 심리 게임을 한다는 겁니다. 이건 지는 게 이기는 게임이지요."

헤런이 수수께끼 같은 말을 했다.

곧바로 토드가 강하게 거부하며 말했다.

"선생님이 말하는 '결탁' 같은 건 전혀 없어요. 전 배저 아저씨가 올 줄도 몰랐다고요. 더군다나 사퇴를 요구할 줄은 상상도 못했단 말이에요. 전 이사 자리에 계속 있고 싶어요. 정말 갑작스러운 일이었죠. 그런데 몰래, 아니 뭐가 됐든 어떻게 아저씨를 끌어들였다는 거죠?"

토드는 화가 치밀어 올랐다.

그러자 헤런이 전에 했던 것과 비슷한 사과를 건넸다.

"미안해요, 토드 씨. 제가 설명을 제대로 못했나 보군요. 아니면 이 주제를 이야기하기엔 당신이 아직 준비가 덜 되었을 수도 있고요. 당신을 비난하는 것으로 들렸다면 절대 그렇지 않습니다. 이 얘긴 나중에 다시 하기로 하죠."

"그러시든가요."

토드가 퉁명스럽게 대답했다.

"그런데 그 게임인가 하는 것에 대해 더 듣고 싶어요. 말씀하신 거 말고 제가 또 다른 게임을 하고 있나요?"

"네, 그런 것 같아요. 그런데 그렇게 방어적으로 반응하기만 하면 지금은 얘기하기가 어렵습니다. 다른 주제로 넘어가는 편이 좋겠어요."

침묵이 흘렀다. 토드는 헤런의 말에 지나치게 예민해졌다. 그렇지만 왜 그런지 이유를 알 수 없었다.

"좋아요. 선생님 말이 맞을지도 모르죠. 하지만 결탁 운운하며 저 스스로 불행해지려 한다고 했을 땐 너무 화가 났어요. 제가 얼마나 바보처럼 보였으면 스스로 불행해지려고 애쓴다 했겠어요."

"토드 씨, 상담 중에 맞닥뜨리게 되는 몇몇 생각은 처음엔 어이없고, 말도 안 되는 것 같고, 심지어 섬뜩하기까지 해요. 게다가 자신에 대해 깊은 통찰력을 제공하는 생각일수록 더 거부감이 드는 법이고요."

"그건 왜 그렇죠?"

"우리의 평형 상태를 몹시 위협하기 때문이지요. 거부감이 드는 생각일수록 우리의 내면 깊은 곳을 흔들어놓을 가능성이 크거든요. 그리고 그 과정은 당신도 느끼겠지만 종종 고통스러운 일이에요. 자신을 들여다보는 일이 항상 즐겁기만 할 순 없어요. 지금의 모습에서 더 나은 모습으로 달라지고자 한다면 거기엔 행동과 태도의 변화가 반드시 뒤따라야 해요. 변화를 위해선 엄청난 노력과 용기, 결단력이 필요한 법이고요. 당신이 왜 그런 고통의 길로 가는 문을 열지 않으려고 하는지 아시겠죠?"

"하지만 중요한 깨달음으로 이어지는 길일 수도 있잖아요."

토드가 나지막이 말했다.

"물론이죠. 그래서 지금 우리가 같은 길을 걸으며 함께 노력하는 겁니다."

둘은 동지애를 느끼며 한참을 아무 말 없이 앉아 있었다.

"이제 다음으로 넘어갈까요?"

긴 침묵을 깨고 헤런이 물었다.

"배저 씨가 방문했고 당신의 기분이 어땠는지 얘기했죠. 이렇게 질문을 드려볼게요. 배저 씨가 당신을 찾아왔을 때 그는 어떤 상태였을 것 같나요?"

"분명 어린이 자아 상태는 아니었어요. 그건 확실해요. 아저씨는 어린 시절이 없었을 것 같아요. 아저씨를 보면 항상 아버지가 생각나요."

"맞아요. 토드 씨가 정확히 보신 것 같네요. 사실 배저 씨는 어버이 자아 상태Parent Ego State였어요."

"그게 정확히 어떤 거죠?"

"어버이 자아 상태에서 우리는 우리의 부모처럼 행동하게 됩니다. 부모는 우리가 처음 관계를 맺는 사람들이지요. 그러다 보니 부모가 우리에게 미치는 영향은 엄청납니다. 어버이 자아 상태에는 태어나면서부터 우리가 부모로부터 배운 모든 가치와 도덕이 담겨 있습니다. 삶의 기준뿐 아니라 좋고 나쁨, 옳고 그름에 대한 우리의 생각도 담겨 있지요. 그리고 이런 가치들은 우리의 행동에 가장 큰 영향을 준 부모에게서 비롯된 것입니다. 부모의 말과 행동은 우리의 유년 시절을 형성하고 앞으로 살아갈 삶에 영향을 주기 마련입니다. 그건 피할 수 없는 사실이지요."

"그 말은 배저 아저씨의 부모님이 엄격한 도덕주의자라서 아저씨가 그렇게 행동한다는 뜻인가요?"

"그럴 가능성이 아주 높아요. 하지만 토드 씨, 중요한 건 우리가 단순히 부모의 복제품은 아니라는 겁니다. 부모가 우리에게 막대한 영향을 미치는 건 맞지만 우리에겐 어머니나 아버지의 복제품이 아닌 하나의 독립된 개체임을 입증하는 개인의 고유성이 있어요."

혜런은 말을 이어갔다.

"그렇다면 토드 씨, 어버이 자아 상태인 사람은 어떤 행동을 보일까요?"

"표정 말인가요? 아버지를 생각하면 화가 난 무서운 얼굴이 떠올라요."

"그렇군요. 목소리는 어땠나요?"

"화가 나 있어요. 얼음장처럼 차가운 낮은 목소리로 말하거나 위협적으로 소리를 질렀어요. 둘 다 너무 무서웠어요."

"당신이 만난 사람 가운데 어버이 자아 상태인 사람이 또 있을까요?"

잠시 생각하더니 토드가 입을 열었다.

"네, 그런 사람을 만난 적 있어요. 학교 다닐 때 만난 몇몇 선생님이 그랬어요."

토드는 잠깐 멈췄다가 다시 이어갔다.

"그러고 보면 그런 사람들은 어디에나 있어요. 얼마 전 토요일에 열릴 크리켓 경기 준비가 얼마나 되어 있나 보려고 경기장에 들렀는데 나이가 지긋해 보이는 관리인이 경기장 라인을 따라 흰색 선을 그리고 있더라고요. 말이나 걸어볼까 싶어 그에게 다가가 잘돼가냐고 물었어요. 그랬더니 글쎄 절 똑바로 쳐다보며 '당신이 오기 전까진 잘하고 있었어!'라고 말하지 뭐예요. 어찌나 불쾌하던지."

헤런이 미소를 지었다.

"좋은 예군요. 또 있을까요?"

"아, 하나 더 생각났어요. 그 생각만 하면 아직도 화가 나요. 며칠 전 나비넥타이를 수북이 들고 세탁소에 갔어요. 수프 얼룩이며 이런저런 것들이 묻어 더러웠거든요. 그런데 세탁소 여자가 나비넥타이를 보더니 뭐라는 줄 아세요? '드라이클리닝이 아니라 턱받이가 필요하겠어요'라고 하지 뭐예요. 무례하기 짝이 없었죠."

헤런은 가만히 미소를 지었다.

"토드 씨, 또 한 번 중요한 시점에 다다른 것 같아요. 여기에 한 번 써볼까요?"

혜런은 차트에 '어버이 자아 상태'라는 제목을 쓰고 그 아래에 원을 그린 뒤 세로로 반을 나누었다. 그러곤 오른쪽에 '비판적 부모'라고 썼다.

"토드 씨, 누군가가 비판적 부모 상태라면 어떤 말로 설명할 수 있을까요?"

"글쎄요, 이미 얘기한 것도 같은데."

토드는 크레용을 들어 '판단하는', '화난', '엄격한'이라고 썼다. 그리고 이것 말고도 많을 것 같다고 말했다.

"맞아요. 하지만 비판적 부모를 설명하기엔 이거면 충분할 것 같네요."

토드는 앉아서 자신이 쓴 단어들을 가만히 바라봤다. 그러곤 혜런에게 말했다.

"선생님, 이해가 안 되는 게 있어요."

"물어보세요. 대개는 질문을 통해 배움이 한 발짝 더 나아가는 법이죠."

"처음에는 확신이 없었어요. 그런데 방금 말씀하신 어버이 자아 상태를 듣고 깨달은 게 있어요. 배저 아저씨의 행동이 너무 잘 이해된다는 거예요. 아저씨가 우리 집에 와서 했던 말들은 거의 다 비판하거나 판단하는 거였어요. 우리 아버지를 그대로 옮겨다 놓은 것 같았죠. 이제 다음번에 만나면 아저씨가 무슨 말을 할지도 대충 알 것 같아요. 어떻게 행동할지도요."

"대단한데요. 확실히 정서지능이 발달하고 있어요."

"제가요?"

토드가 깜짝 놀라며 물었다.

"그럼요. 지능은 단순히 지능지수IQ만의 문제가 아니에요. IQ 못지않게 정서지수EQ도 필요하지요."

"저기, 질문이 별로인 것 같긴 하지만 저의 비판적 부모는 어떤 모습일까요? 누구에게나 어버이 자아가 있고 그것이 어린 시절 부모님이 우리에게 했던 말, 우리를 대했던 방식에서 비롯된다고 하셨잖아요. 배저 아저씨나 다른 사람들의 행동을 보니 왜 그런지 확실히 알겠어요. 그런데 저는요? 저에겐 어떤 모습이 있을까요? 솔직히 없는 것 같거든요. 전 화를 내지도 않아요. 정말이에요. 화를 못 내는 데다 사람들에게 싫은 소리도 못 해요. 소리도 지르지 않고 비난도 하지 않죠. 오히려 그 반대예요. 좋은 점을 찾아 격려하는 편이에요. 바보 같다는 거 알아요. 그렇지만 그게 저인걸요."

한참 후 헤런이 입을 열었다.

"토드 씨, 좀 더 개인적인 부분으로 들어가도 될까요? 제 말은, 토드 씨의 내면 깊숙한 곳으로 들어가봐도 괜찮을까요?"

토드가 가만히 헤런을 응시했다.

"네, 괜찮아요. 상처는 받겠지만 많은 걸 새롭게 깨닫는 중이에요. 알아서 다 좋은 건 아니겠지만요."

"무슨 마음인지 압니다."

헤런이 고개를 끄덕였다.

"하지만 '고통이 없으면 얻는 것도 없다'라는 말도 있잖아요."

"전 그런 말이 정말 싫어요."

토드가 기운을 내며 말했다.

"왜 달력을 보면 늘 갈매기랑 장밋빛 구름이 있고 그런 말이 쓰여 있잖아요. 시시하고 진부해요."

"뭐 그럴 수도 있겠네요."

헤런의 대답에 토드는 그가 살짝 거만하다고 생각했다.

"그럼, 당신이 물어본 질문의 답을 찾아볼까요? 글로 써보면 더 확실히 이해할 수 있을 거예요."

헤런이 차트를 넘겨 새 종이에 다음과 같이 썼다.

토드에게 어버이 자아 상태가 있는가?

"이 질문을 정리해서 적어볼까요?"

1. 누구에게나 어버이 자아 상태가 있다.

2. 토드에게는 어버이 자아 상태가 없는 것 같다.

그러곤 고개를 돌려 물었다.

"다음 질문은 무엇으로 해야 할까요?"

"다음 질문은 당연히 '나는 왜 어버이 자아 상태가 없는가?'로 해야겠죠."

"그것보다 좀 더 논리적인 질문이 있을 것 같은데요."

"그게 뭔가요?"

"'어버이 자아 상태는 어떻게 작동하는가?'를 물을 수 있겠죠."

토드가 잠시 생각에 잠기더니 물었다.

"이해가 잘 안 돼요. 제게 어버이 자아 상태가 없다는 데 선생님도 동의한 거 아니었나요? 어버이 자아 상태가 없는데 어떻게 어버이 자아가 작동할 수 있죠?"

"전 그 부분에 동의하지 않습니다. 사실, 제가 보기에 토드 씨는 아주 강력한 어버이 자아 상태를 가지고 있어요. 제 질문이 '어버이 자아 상태는 어떻게 작동하는가?'였지요? 토드 씨의 어버이 자아 상태는 배저 씨와 매우 다른 방식으로 작동합니다."

"너무 혼란스러워요. 도대체 무슨 말인지 모르겠어요."

"혼란은 종종 학습의 첫 번째 단계죠. 고정된 경계선이 무너지기 시작할 때 혼란스러운 법이니까요. 당신은 기존의 믿음과 행동에 반하는 새로운 정보를 맞닥뜨리기 시작한 거예요. 그것은 창조의 시작이자 변화의 과정을 이끄는 불안의 시작이지요."

토드가 헤런의 설명이 아무래도 납득되지 않는 듯 퉁명스럽게 말했다.

"잘 모르겠어요."

"그럼 이 문제에 다른 방식으로 접근해봅시다. 어버이 자아 상태를 판사에 비유해볼게요. 판사는 혐의를 제기하고 유죄의 증거를 찾아 처벌하는 사람입니다. 여기까지 이해했나요?"

"네."

"배저 씨가 어제 판사처럼 행동했나요?"

"네, 그럼요. 아저씨는 판사였고 저는 마치 피고석에 앉은 피고인 같았어요. 제가 겪어봐서 아는데 유죄판결을 받는 일은 끔찍해요. 하지만 죄책감이 드는 건 그보다 훨씬 더 끔찍해요!"

"그렇다면 당신은 누구를 판단하죠?"

"바로 그거예요."

토드가 짜증 섞인 목소리로 말했다.

"전 판단하지 않아요. 전 누구를 판단하고 그러지 않아요."

"토드 씨, 다시 한번 생각해보세요. 그리고 '나는 누구를 판단하는가?'라고 당신 스스로에게 물어보세요."

길고 긴 침묵이 흘렀다. 마침내 토드가 작은 목소리로 말했다.

"무슨 말인지 알 것 같아요. 선생님 말은 제가 저 자신을 판단하고 있다는 거죠?"

혜런은 가만히 앉아 아무 말도 하지 않았다. 잠시 후, 토드가 말을 꺼냈다.

"스스로 잘못을 찾아 저 자신을 비난하고 있군요. 그렇죠?"

"자기비판보다 더 잔인한 비판은 없습니다. 자신보다 더 가혹한 심판자도 없고요."

"세상에! 우리가 우리 자신을 벌주고 있다는 말인가요?"

"네. 그것도 아주 잔인하게요. 괴롭히고 고문하고 극단적인 경우 사형까지 시켜버리죠. 그런데 문제는 형량이 아무리 가벼워도 그 형벌이 평생 우리를 옭아맨다는 거예요."

"그럼 전 어떻게 해야 하나요? 앞으로 살아갈 날이 얼마나 많은데 평생 저 자신을 벌주며 살고 싶진 않아요. 조금이라도 행복해지고 싶어요. 전 어떻게 해야 하죠? 도와주세요."

"냉정하게 들리겠지만, 당신을 도울 수 있는 건 당신 자신뿐입니다. 스스로 생각해봐야 할 문제들이 많습니다. 이를테면 스스로를 판단하지 않을 수 있는가? 자기 자신에게 좀 더 친절해질 수 있는가? 무엇보다 가장 중요한 질문은 바로 '나 자신을 사랑할 수 있는가?'예요."

토드는 미동도 하지 않고 가만히 앉아 있었다. 잠시 후 혜런이 물었다.

"괜찮아요? 이제 마칠 시간이군요."

"괜찮습니다. 생각할 거리를 많이도 주셨네요. 머릿속이 복잡해요. 현기증도 나고요."

"조심히 들어가세요. 다음 주에 봅시다. 아, 그리고 토드 씨, 자신을 아끼고 사랑하세요."

토드는 길을 따라 천천히 걸어 집으로 돌아왔다.

10

나는 왜
눈치를 볼까?

로드에게는 답을 얻기 어려운 문제였다.

특히 자신의 자아와 결부된 문제는 더더욱 그랬다.

하지만 생각이 그림자처럼 따라다녔다.

그렇다고 그 생각을 붙잡고 파헤쳐볼 수도 없었다.

어디로 가야 할까? 헤런은 끊임없이 이해와 학습에 대해 이야기했다.

그런데 그 모든 것은 어디로 이어진단 말인가?

상담을 시작하고 나서 처음으로 이 여정이 얼마나 더 이어질지 궁금해졌다.

지난번 상담 이후 토드는 왠지 모르게 울적했다. 그는 다른 사람들, 특히 배저에게 비판적 부모가 어떻게 나타나는지 이해하게 되었다. 그런데 토드 자신의 비판적 부모는 스스로를 비난하고 심지어 벌까지 주고 있다고 생각하니 마음이 좋지 않았다.

그래도 다른 한편으론 자신에게 변화가 일어나고 있음을 알 수 있었다. 내면 깊은 곳에서 강해지는 느낌이 들었다. 이제는 감정적이고 위협적인 생각들을 좀 더 이성적으로 바라볼 수 있게 되었다. 자신을 객관적으로 들여다보니 조금씩 감정에서 벗어나게 되고 자신을 더 잘 알고 더 잘 이해하게 되었다. 하지만 퍼

즐 한 조각을 잃어버렸다는 기분은 여전했다.

참으로 오랜 세월 순응적 아이 자아 상태로 살아왔다. 어린 시절 부모님이 그에게 했던 그대로 자신을 비난하고 벌주고, 심지어 그게 당연하다고 생각해왔다. 이제야 그 사실을 깨닫기 시작했다. 혜런이 말했던, "비밀리에 아니면 자신도 모르는 사이에 다른 사람들을 끌어들이는" 결탁에 대해 생각해봤다. 자기 자신을 비난하기 위해 자신과 결탁할 수 있을까? 그것도 스스로 결탁하고 있다는 사실을 알지도 못한 채?

토드에게는 답을 얻기 어려운 문제였다. 특히 자신의 자아와 결부된 문제는 더더욱 그랬다. 하지만 생각이 그림자처럼 따라다녔다. 그렇다고 그 생각을 붙잡고 파헤쳐볼 수도 없었다. 어디로 가야 할까? 혜런은 끊임없이 이해와 학습에 대해 이야기했다. 그런데 그 모든 것은 어디로 이어진단 말인가? 상담을 시작하고 나서 처음으로 이 여정이 얼마나 더 이어질지 궁금해졌다.

그러나 전과는 다르게 힘이 나기 시작했다. 어느 날 아침, 토드는 정원을 거닐다가 어느새 경주용 보트 여러 대가 보관된 창고에 도착했다. 보트를 살펴보다 상태가 제법 괜찮은 놈 하나를 발견했다. 그러곤 보트를 물가로 옮기고 노를 가져와 조심스럽게 보트에 올라탄 뒤 천천히 노를 저어 강 상류로 갔다. 제법 잘 움직였다. 평소 같으면 이리저리 흔들리고 물이 엄청나게 튀었을 텐데 천천히 조심스럽게 노를 저어 한 바퀴 돌고 돌아왔다. 보트에서 내리자 숨이 가쁘고 등이 욱신거렸지만 기분은 좋았다.

"정말 좋았어. 맥주 마시고 싶다!"

토드는 혼자 중얼거리며 집으로 돌아와 맥주를 들이켰다.

한 주가 끝나갈 무렵 랫과 몰이 점심을 같이하자고 토드를 초대했다. 토드가 우울증을 앓고 난 뒤 랫과 몰은 그를 혼자 있게 내버려두었다. 이유는 여러 가지였다. 첫째는 처음 보는 토드의 행동에 살짝 당황한 나머지 어떻게 해야 할지를 몰랐기 때문이었다. 둘째는 아프거나 다친 동물들 대다수가 그렇듯 토드 역시 친구들과 떨어져 혼자 있고 싶었고 대놓고 친구들에게 그런 신호를 보냈기 때문이었다.

지금은 상황이 달라졌다. 일단 날씨가 점점 좋아지고 있었다. 하루가 다르게 햇볕이 따뜻해졌고, 강둑 여기저기에서 보트에 페인트를 칠하고 광택제를 바르며 여름맞이 준비가 한창이었다. 게다가 토드가 다시 강가에 모습을 드러냈고 안색도 제법 괜찮아 보인다는 소문이 돌았다. 무엇보다 랫과 몰은 토드가 보고 싶었다. 그래서 점심을 같이하자고 토드를 초대했다.

강둑을 따라 랫의 집으로 걸어가는데 입고 있던 갑옷이 떨어져 나간 듯 온몸의 감각이 예민해진 기분이 들었다. 특히 시각이 몹시 민감해진 듯했다. 풀과 나무가 오늘따라 유난히 파릇파릇

하니 생동감이 넘쳤다. 이렇게 다양한 초록빛이 존재하다니 예전엔 미처 몰랐다. 주변에 펼쳐진 것들이 하나하나 눈에 들어왔고 가슴에 와닿았다. 토드는 걷는 동안, 이륙을 앞두고 기계를 점검하는 조종사처럼 자신의 기분을 자세히 살펴보고 있었다. 친구들을 다시 만날 생각을 하니 살짝 겁도 났지만 그런대로 괜찮았다. 지금 감정온도가 몇 도쯤이냐고 헤런이 묻는다면 8 정도라고 말할 수 있을 것 같았다.

친구들은 토드를 무척 반갑게 맞아주었다. 토드에게 난로 옆(실내는 여전히 쌀쌀했다) 가장 좋은 자리를 내주었고 몰은 토드가 편하게 있을 수 있도록 사방에 쿠션을 받쳐주었다.

"토드, 이게 얼마 만이야. 내내 걱정했다고."

"나도."

랫이 퉁명스럽게 말했다. 랫은 몰처럼 자신의 기분을 쉽사리 잘 표현하지 못했다.

"정말 보고 싶었어. 셰리주 마실래?"

토드는 단맛이 없는 셰리주를 작은 잔에 받아 들고 천천히 홀짝거렸다. 이 작은 잔으로 어떻게 한참을 버티라는 건지 이해가 되질 않았다. 사실 토드는 소다수를 넣은 브랜디를 좋아했고 집에서 셰리주를 마실 땐 와인 잔을 사용했다.

"다들 잘 지냈어? 좋아 보이네. 강둑엔 별일 없고? 내가 뭐 놓친 건 없겠지?"

"별일 없었어. 겨울엔 다 그렇지 뭐. 아주 조용했어. 더군다나 올겨울은 너무 추워서 나다니지도 못했어."

몰이 잠시 말을 멈췄다.

"그나저나 토드, 뭐 달라진 거 안 보여? 이 방을 꾸미느라 얼마나 오래 공을 들였다고. 벽지는 마음에 들어? '버드나무 가지'라고 윌리엄 모리스가 디자인한 무늬야."

토드는 방을 둘러보았다. 지난번에 봤을 때와는 사뭇 달랐다. 연둣빛 잎이 무성한 갈색의 가느다란 버드나무 가지가 벽을 가득 채우고 있었다. 몰이 천장에 흰색 페인트를 칠했고, 오래된 참나무 가구와 온기를 뿜어내는 벽난로까지 더해져 편안하면서도 감각적인 분위기가 방 전체에 풍겼다.

"멋진데. 아주 훌륭해, 몰. 토드 홀이 여기 반만이라도 멋지면 좋겠다."

토드는 살짝 풀이 죽었다.

"자, 이제 점심이나 먹을까?"

랫이 끼어들었다.

"별건 없어. 아주 평범해."

몰은 '토드 홀에서 먹는 음식이랑은 달라'라고 덧붙이려다가 토드를 슬쩍 보고는 아무 말도 하지 않았다.

점심은 소박했지만 근사했다. 랫이 진하게 끓인 양파수프에 크루통을 얹어 내왔다. 거기에 스틸턴치즈(향미가 진한 영국의 푸른 곰팡이 치즈―옮긴이)와 갓 구운 바삭한 빵, 버터와 피클도 있었다. 그리고 사과 품종 중에 최고라는 콕스오렌지피핀Cox's Orange Pippin 한 접시와 거품이 풍성한 맥주로 식사를 마무리했다.

어느새 혀가 풀리고 토드는 예전 모습을 되찾은 듯 편안해졌다. 랫의 이야기에 깔깔거렸고 자신의 이야기로 화답했다. 그때 몰이 최근에 배저를 만난 적이 있냐고 물었다.

"요새 배저 아저씨가 도통 안 보이네."

"그래? 거참 이상하네. 며칠 전에 우리 집에 들르셨는데."

토드가 대답했다.

"너희 집엘 갔다고?"

랫이 놀란 듯 소리쳤다.

"세상에. 널 많이 아끼시나 보다. 아저씨가 누굴 찾아가고 그런 사람이 아닌데 말이야."

"그건 아닌 것 같고."

토드는 배저가 찾아와 자기가 학교 이사직을 맡을 테니 그 자리를 사퇴하는 게 어떻겠냐고 물었다고 했다.

토드가 이야기를 끝내자 몰이 말했다.

"말도 안 돼. 너무 뻔뻔하잖아! 아저씨가 좋은 점도 많고 에너지가 넘치는 것도 맞아. 그래도 그건 너무 무례하잖아. 뻔뻔하기 짝이 없는걸!"

"몰 말이 맞아."

랫이 맞장구를 쳤다.

"그래서 결국 넌 어떡하기로 했는데?"

"내가 말 안 했나? 많이 생각해봤어. 헤런과 의논도 했는걸."

토드가 물었다.

"그 상담사 말이야? 상담은 할 만해?"

몰이 끼어들었다.

"응, 나쁘지 않아."

토드는 이야기를 이어갔다.

"원래는 사퇴하기로 마음먹었어. 아저씨를 상대할 수 없을 것 같았거든. 아저씨는 자기주장이 강하고 자신감이 넘치는 분이잖아. 그런데 말이야, 이런 생각이 들더라고. '내가 왜? 내가 왜 아저씨 말을 따라야 하지? 나 하고 싶은 대로 하면 왜 안 되는 거지?' 솔직히, 아저씨한테 화가 났어."

"그래서 아저씨한테 얘기했어?"

몰이 호기심이 발동한 듯 물었다.

"아니, 얘기 안 하려고. 아저씨를 만나서 말하면 내가 질 것 같거든. 나도 내가 유치하다는 거 인정해. 만나서 얘기하는 대신,

생각해보니 건강이 많이 좋아져서 사퇴하지 않을 거라고 편지를 썼어. 아저씨가 정 하고 싶다면 9월에 이사들을 다시 뽑을 때 본인 이름을 올리겠지. 그거야 그때 가면 알 일이고."

"잘했어. 얘길 들어보니 아주 잘 대처했네."

랫이 다정하게 말했다.

"그래, 정말 잘했다. 난 네가 이겼다고 말해주고 싶어."

몰이 맞장구를 쳤다.

"정말 그렇게 생각해?"

토드는 왠지 모르게 기분이 좋았다.

"그렇게 정하고 나니까 진이 빠지지 뭐야. 원치 않는 전투를 치른 기분이랄까. 아무튼 이걸로 끝났으면… 좋겠어."

토드는 나지막이 속삭였다.

이런저런 수다를 떨고 난 뒤 토드가 이제 가봐야겠다며 자리에서 일어났다. 랫과 몰은 운동도 할 겸 같이 나가자고 했다. 셋은 토드 홀까지 함께 걸었다. 토드는 점심 식사에 초대해줘서 고맙다는 인사를 건넸고 세 친구는 조만간 또 만나기로 약속했다.

"브리지 게임(네 명이 하는 카드놀이의 일종—옮긴이)을 세 판 승부로 하면 어때?"

랫이 자기가 잘하는 게임을 제안했다. 몰도 랫이 알려줘서 규칙을 알고 있었다.

"그럼 한 명이 더 필요하잖아."

몰이 지적했다.

"배저 아저씨는 말고."

토드가 강하게 말했다.

"당연하지. 오터한테 말해보면 어떨까 싶은데. 아무튼 오늘은 이만 헤어지고 다음에 연락하자."

그러곤 랫과 몰은 집으로 돌아갔다.

"넌 어떻게 생각해?"

집으로 돌아가는 길에 몰이 랫에게 물었다.

"뭘 말이야?"

딴생각을 하고 있던 랫이 되물었다.

"토드 말이야. 뭔가 달라진 것 같지 않아?"

"그런 것 같아. 딱 집어 말하긴 어렵지만."

"다른 사람 말에 귀를 기울이던데. 아, 그래, 그것뿐인 줄 알아? 우리가 무슨 말을 할지 진심으로 신경 쓰는 것 같았어. 원래는 다른 사람 말이 채 끝나기도 전에 득달같이 끼어들었잖아. 솔직히 말해서, 훨씬 더 좋아 보였어. 말수도 줄고, 심하게 굴지도 않고 말이야."

"맞아. 네가 무슨 말을 하는지 알겠어."

랫이 고개를 끄덕였다.

"예전에 개가 좀 재수 없었지. 허구한 날 으스대고 말이야. 그런데 몸이 고장 나더니(토드의 상황을 이렇게 이야기하기로 했다) 기가 죽은 것 같아. 그보다 토드가 배저 아저씨에 대해 그렇게 이야기하다니 깜짝 놀랐지 뭐야. 지금까지 단 한 번도 아저씨 말을 거역한 적이 없었잖아. 완전히 딴사람이 됐어!"

"그러게. 그런데 말이야."

몰이 아쉬운 듯 말했다.

"토드만의 생기는 없어진 것 같아."

11

나는 왜 불행을
남 탓으로 돌릴까?

＊≪≫＊

"저기, 선생님, 부모님의 양육 방식이 현재의 저를 만들었다고 하셨잖아요.

부모님도 잘 모르고 그러셨겠지만 그래도 부모님이 원망스러운 건

어쩔 수 없어요. 누굴 탓하겠어요. 부모님이 정말 원망스러워요.

제 인생은 엉망진창이라고요. 억울해요. 정말 억울해요."

헤런은 가만히 앉아 있었다. 휴지를 건네거나 하지도 않았다.

그저 잠자코 앉아만 있었다.

마침내 그만 울고 진정하라는 뉘앙스로 헤런이 말을 건넸다.

"토드 씨, 당신은 갈림길에 다다랐습니다. 이젠 돌아갈 수 없어요.

자, 어느 길로 가시겠어요?"

＊≪≫＊

"오늘은 기분이 어떤가요?"

헤런이 물었다. 토드가 얼른 대답하고 싶어 기다리던 질문이었다.

"많이 좋아졌어요. 기분도 좋고 에너지도 많이 생겼어요."

토드는 보트를 다시 탄 이야기며, 두 친구와 점심을 먹은 이야기를 늘어놓았다.

"멋진데요. 그런데 토드 씨, 이런 변화가 왜 생겼을까요?"

"글쎄요."

토드는 한참을 생각했다.

"선생님이 무슨 의도로 그런 질문을 하는지 모르겠지만 확실히 강해진 느낌이에요. 아직은 말로 설명하긴 어려워요. 여전히 슬프고 내가 참 하찮다는 생각이 들긴 해요. 그런 익숙한 감정이 마음속 어딘가에 여전히 있긴 하지만 더 이상 중심을 차지하진 않아요. 이젠 슬프고 비참한 감정들을 한쪽으로 밀어낼 수 있을 것도 같고 이리저리 휘둘리지 않을 것 같기도 해요."

"정말 반가운 일이네요. 확실히 자기통찰self-insight과 정서지능이 발달하고 있군요. 하나 물어볼게요."

헤런이 토드를 빤히 바라봤다.

"방금 질문에 대답할 때 토드 씨는 어떤 자아 상태였나요?"

"글쎄요. 확실한 건 어버이 자아 상태는 아니었어요. 그렇다고 어린이 자아 상태도 아니었고요."

토드가 잠시 말을 멈췄다.

"최근 들어 또 다른 자아 상태가 있어야 하지 않을까 하는 생각이 들어요. 선생님은 어버이 자아 상태처럼 행동하지도 않고 어린이 자아 상태처럼 느끼지도 않잖아요. 좀 더 성숙한 자아 상태랄까. 이게 말이 되는진 모르겠지만 바로 지금 선생님의 자아 상태 같은 거요."

"빙고!"

헤런이 신이 난 듯 맞장구를 쳤다.

"그런 상태가 있고말고요. 그걸 스스로 찾아내다니! 정말 대단해요."

"제가요?"

토드가 살짝 놀란 듯 물었다.

"그걸 뭐라고 부르죠? 성숙한 자아 상태?"

"비슷해요. 우리는 그걸 어른 자아 상태Adult Ego State라고 불러요. 두 자아 상태에 어른 자아 상태가 더해져 자아 상태의 삼위일체가 완성되지요. 어버이 자아, 어른 자아, 어린이 자아, 이 세 자아가 우리의 성격을 설명해줘요. 아주 간단히 그림으로 그려볼까요?"

헤런이 크레용을 들어 차트에 그림을 그리려 하자 토드가 나섰다.

"제가 그려봐도 될까요? 그릴 수 있을 것 같아요."

그러곤 다음 페이지에 나오는 그림을 그렸다.

"어른 자아 상태에 대해 좀 더 설명해주시겠어요?"

"어른 자아 상태는 감정에 치우치지 않고 이성적으로 행동하는 자아 상태를 말해요. 지금 여기 우리가 처한 현실을 있는 그대로 마주하게 해주죠."

"그게 정확히 무슨 말이죠?"

"계획하고 생각하고 결정하고 행동할 수 있을 때 어른 자아 상

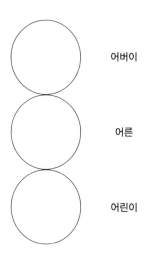

어버이

어른

어린이

태라고 해요. 이성적이고 논리적으로 행동할 수 있는 상태지요. 어른 자아 상태일 때 우리의 모든 지식과 기술을 바로바로 활용할 수 있어요. 어린 시절 들었던 부모님의 목소리에 휘둘리거나 그때 느꼈던 감정에 사로잡히지 않아요. 현재 상황을 객관적으로 판단해 지금 무엇을 원하는지 결정할 수 있어요."

"그렇다면 어른 자아가 다른 두 자아보다 더 중요한가요?"

"꼭 그렇지만은 않아요. 성공적인 삶을 위해서는 세 자아 상태가 모두 중요해요. 이 세 자아는 수십만 년에 걸쳐 진화를 거듭해 왔기에 어느 것 하나 빠지지 않고 모두 다 중요할뿐더러 존재가치가 있어요. 다만 어른 자아 상태일 때만 특별히 할 수 있는 게 있어요."

토드는 헤런의 말을 집중해서 들었다.

"어른 자아 상태일 때만 자기 자신에 대해 새로운 무언가를 깨달을 수 있어요."

긴 침묵이 흐르고 마침내 토드가 물었다.

"그게 정말인가요, 선생님? 어린이 자아 상태일 땐 자기 자신에 대해 깨달을 수 없나요?"

"네, 그렇습니다. 어린이 자아 상태에서는 좋든 나쁘든 어린 시절의 기분을 경험해요. 오래전 그때의 상황을 재연하고 그때의 기분을 느낄 뿐이죠. 새로운 건 아무것도 깨닫지 못합니다."

"그렇군요. 그렇다면 어버이 자아 상태일 땐 어떤가요? 그때도 마찬가지인가요?"

"그 역시 대답은 같아요. 하지만 이유는 다릅니다. 어버이 자아 상태일 때에는 기본적으로 누군가를 비판하거나 양육하려 들어요. 어느 쪽이 됐든 부모에게서 배운 신념과 가치관을 말과 행동으로 되풀이할 뿐이죠. 그 신념과 가치관을 다른 사람에게 설명하고 가르치려 하고요. 이 자아 상태는 확신으로 가득 차 있어서 새로운 지식이나 사고가 끼어들 자리가 없어요. 옛것이 온통 자리를 차지하고 있으니까요. 따라서 논쟁과 설득을 통해 생각을 바꿔놓을 수 없습니다. 점점 자신의 관점에 갇혀버리게 될 뿐이에요."

잠시 후 토드가 물었다.

"그 얘긴 제가 어른 자아 상태여야 저 자신에 대해 알 수 있다는 말인가요?"

"네, 맞아요. 어른 자아 상태일 때만 새로운 사실을 고찰하거나 자신의 행동을 평가할 수 있고, 무엇보다 자신에 대한 다른 사람의 의견을 묵살하지 않고 경청할 수 있습니다. 그건 굉장히 어려운 일이지요."

"그렇다면 왜 그게 어려운지 모르겠는데요? 선생님 말씀대로라면 저를 어른 자아 상태로 만들어서 어떻게 해야 하는지 방법을 가르쳐주면 되잖아요? 그게 시간이 훨씬 절약될 것 같은데."

"진심으로 하는 말인지 모르겠군요. 진심이라 생각하고 말하죠. 첫째, 아무도 누군가를 어른 자아 상태로 만들 순 없어요. 다만, 지금껏 제가 그래왔듯 어른 자아 상태로 갈 수 있게 도울 뿐이지 강제할 순 없답니다. 결정은 본인만 내릴 수 있어요."

헤런이 하던 말을 멈추고 토드를 유심히 쳐다봤다.

"두 번째는요?"

헤런의 시선이 주는 압박감을 덜어내려는 듯 토드가 물었다.

"둘째, 전 당신이 어떻게 해야 하는지 알지 못해요. 당신 스스로 방법을 찾도록 돕는 것이 이 상담의 주된 목적이지요. 저는 좀 더 쉽게 방법을 찾을 수 있도록 이끌어줄 뿐 어떻게 해야 할지는 당신이 결정해야 합니다."

"무슨 말인지 알겠어요."

토드가 힘없이 말했다.

"그런데 그게 왜 이리 어려울까요?"

잠시 후 헤런이 말했다.

"엄청난 노력과 의식적 사고가 필요하기 때문이에요. 다른 두 자아 상태일 때는 부모나 어린이처럼 행동하는 데 그다지 사고가 필요하지 않아요. 어떻게 행동하고 어떻게 말해야 할지 이미 알고 있기 때문에 별생각 없이 행동하지요. 연극을 할 때와 비슷해요."

"무슨 뜻이죠?"

토드는 종종 아마추어 연극 무대에 서곤 했다.

"마치 자기가 잘 알고 좋아하는 역할을 맡은 것과 같아요. 무슨 말을 해야 할지 어떻게 행동해야 할지 숙지하고 있는 거죠. 예를 들어 당신이 성내는 사람 역할을 맡았다고 해봅시다. 그 사람은 화내는 법을 잘 알고 있겠지요. 그런 상황이 그에게만 자주 일어나는 게 이상하긴 하지만, 여하튼 화를 낼 상황이 되면 대사 하나 틀리지 않고 완벽하게 연기합니다. 고민 없이 기계적으로, 알맞은 톤에 알맞은 높낮이, 알맞은 단어, 알맞은 자세로 화를 내죠. 한마디로 주어진 역할을 완벽하게 연기하지요. 여기서 핵심은 고민 없이 기계적으로 행동한다는 거예요! 마치 그동안의 삶이 지금 선보이는 연극을 위한 리허설이었던 것처럼 아주 익숙하고 자연스럽게 화를 냅니다. 더군다나 그 역할을 자주 맡다 보니 점점 더 능숙해지기까지 하지요."

토드가 초조한 기색을 보였다.

"그럼 성내는 사람들이 일부러 화를 낸다는 말인가요? 화를 내는 게 스스로 선택한 역할이라는 거예요?"

"물론이죠. 그게 아니라면 왜 그런 행동을 하겠어요?"

토드는 말문이 막혔다.

"그거야 화나게 하니까."

"토드 씨, 지금 매우 중요한 점을 지적했습니다. 그 부분을 좀 더 자세히 다뤄봅시다. 폭력과 강압을 사용하지 않는 한, 누구도 우리에게 감정을 강요할 수 없습니다. 결국, 어떤 감정을 느낄지 스스로 선택할 따름이죠. 분노든 슬픔이든 본인이 선택하는 겁니다."

"잠시만요."

토드가 끼어들었다.

"제정신이라면 슬프거나 불행한 쪽을 선택할 사람이 어디 있겠어요? 말도 안 돼요."

"그렇게 생각할 줄 알았어요. 하지만 반대로 생각해보세요. 누군가 당신의 마음에 들어가 이래라저래라 감정을 강요할 수 있을까요? 그건 **불가능합니다**. 당신에게 영향을 주거나 당신을 설득할 순 있겠죠. 그러나 결국 스스로의 감정을 결정하고 선택하는 건 바로 당신 자신입니다."

토드는 혼란스러웠다.

"그 말은 본인 스스로 정신적 고통과 괴로움을 선택한다는 건가요? 도저히 이해가 되질 않아요."

"받아들이기 어려운 거 압니다."

"무슨 귀신 씻나락 까먹는 소리람."

토드가 나지막이 중얼거렸다.

헤런은 토드의 말을 듣지 못했다.

"어쩌면 '선택'이라는 단어가 적절하지 않을 수도 있겠네요. 초콜릿을 고르듯 감정을 선택하진 않으니까요. 하지만 우리는 무의식중에 선택이란 걸 하지요. 마치 조건반사처럼."

"조건반사요?"

"조건반사란 어떤 자극이 주어졌을 때 자동으로 반응하는 것을 말해요. 유명한 파블로프의 실험 들어봤죠? 개에게 음식을 줄 때마다 종소리를 들려줬더니 나중엔 종소리만 들어도 침을 흘린다는 사실을 발견했죠. 이렇게 길든 불쌍한 개는 스스로 행동을 조절하지 못하고 자동으로 반응하게 됩니다."

"다리를 굽히고 있을 때 의사가 무릎을 치면 발이 자동으로 튕겨 나가는 것과 크게 다르지 않네요. 그것도 내 의지대로 조절할 수 없잖아요."

"바로 그겁니다."

헤런이 눈을 반짝이며 말했다.

"아주 딱 들어맞는 예시네요. 우리의 이야기 주제가 정서적 행동이라는 점만 빼면요. 우리는 과거의 경험 때문에 어떤 상황에서 별다른 고민 없이 무의식적으로 반응합니다. 실험 속 개들이 그랬듯이 자동으로 반응하죠."

"제가 그랬어요."

토드가 말을 가로챘다.

"하지만 특정 행동을 계속하는 게 잘못은 아니잖아요. 제가 우울하다고 해서 선생님이 절 비난할 순 없어요. 비난은 아무런 도움이 되지 않아요."

토드가 잠시 말을 멈췄다.

"그래서도 안 되고요."

오랜 침묵 끝에, 헤런이 몹시 불편해하는 토드에게 물었다.

"토드 씨, 최근에 당신이 겪고 있는 불행을 두고 누가 당신을 비난했나요? 누가 당신을 힘들게 했죠?"

토드는 곰곰이 생각해보았다. 마음속 무언가가 잘못된 길로 가고 있다고 경고했지만 꿈틀대는 감정을 멈출 수가 없었다. 아니, 멈추고 싶지 않았다.

"처음엔 배저 아저씨였어요. 그다음엔 랫. 그리고 몰에게도 어느 정도 책임이 있어요. 그들이 얼마나 못되게 굴었는지 제가 말했죠? 제가 돌아왔을 때…."

토드가 말을 멈췄다.

"제가 멀리 떠났다가 돌아왔을 때 말이에요. 저기, 선생님, 부모님의 양육 방식이 현재의 저를 만들었다고 하셨잖아요. 부모님도 잘 모르고 그러셨겠지만 그래도 부모님이 원망스러운 건 어쩔 수 없어요. 누굴 탓하겠어요. 부모님이 정말 원망스러워요. 제 인생은 엉망진창이라고요."

토드가 쓰라린 분노의 눈물을 흘렸다.

"억울해요. 정말 억울해요."

그는 끊임없이 흐느껴 울었다.

헤런은 가만히 앉아 있었다. 휴지를 건네거나 하지도 않았다. 그저 잠자코 앉아만 있었다. 마침내 그만 울고 진정하라는 뉘앙스로 헤런이 말을 건넸다.

"토드 씨, 당신은 갈림길에 다다랐습니다. 이젠 돌아갈 수 없어요. 자, 어느 길로 가시겠어요?"

"무슨 말인지 모르겠어요."

토드가 눈물을 훔치며 물었다.

"선택을 하라는 말처럼 들리는데 맞나요?"

"네. 자신의 불행을 두고 얼마나 더 다른 사람 탓을 할 것인가?
토드 씨가 선택할 문제예요."

"답을 정해놓고 묻는 거잖아요."

토드가 화를 냈다.

"모두 다 제 탓이라는 거잖아요. 전 인정할 수 없어요."

"그건 제가 생각하는 답이 아니에요. 비난은 어린이 자아 상태
에서 하는 거예요. 아마 당신에게 가장 익숙한 자아 상태일 겁니
다. 그런데 당신이 어른 자아 상태라면 어떻게 반응하는 게 좋을
까요?"

토드는 생각을 해보려 했지만 머릿속이 온통 상반되는 감정
들로 뒤죽박죽이었다. 하지만 그 와중에도 자신이 아주 중요한
자아발견self-discovery의 문턱에 들어섰다는 생각이 무의식적으로
들었다.

"잘 모르겠어요."

"비난 대신에 책임을 지면 어떨까요?"

길고 긴 침묵이 이어졌다. 마침내 토드가 조용히 말했다.

"그 말은 제 행동에 책임을 지라는 건가요?"

"당신이 느끼는 감정에 대해서도요. 그것이 바로 어른의 행동

입니다. 물론 몹시 어려운 거 알아요. 하지만 다른 사람을 비난하는 것에 비하면 엄청난 장점이 있답니다."

"그게 뭔가요?"

"당신 스스로 뭔가를 시작할 수 있다는 점이에요. 자기 자신을 책임질 줄 알면 스스로 주어진 상황을 바꿀 수도, 더 나아가 자기 자신을 바꿀 수도 있지요."

"그렇지만 부모님은요? 부모님에 관해선 제가 뭘 할 수 있죠? 어떻게 하면 복수할 수 있죠?"

"그분들이 아직 살아 계신가요?"

"아니요. 오래전에 돌아가셨어요."

"그렇다면 할 수 있는 게 하나밖에 없군요."

토드가 초조한 듯 물었다.

"그게 뭐죠?"

잠시 후 헤런이 말했다.

"용서하세요."

토드가 입을 열었다. 왜 용서해야 하는지 묻고 싶었다. 그들은 그의 삶을 비참하게 만들어놓지 않았는가! 그가 받은 대로 똑같이 상처를 주고 갚아줄 순 없단 말인가? 헤런에게도, 부모님에게도 분노가 치밀어 오르기 시작했다. 모두가 마음속 분노의 대상이 되었다. 끔찍한 분노가 막 폭발할 것만 같았다. 분노를 쏟아내면 실로 엄청난 비극이 펼쳐질 것만 같았다. 심지어 살인을 저지를지도 몰랐다. 자리에 앉아 있는데 심장박동이 빨라지고 몸이 뜨거워졌다. 하지만 언제나 그랬듯 격렬한 분노의 감정은 사그라지고 또다시 지치고 비참해졌다.

이런 감정의 소용돌이를 헤런이 알아차렸는지 토드는 알 길이 없었다. 잠시 후 헤런이 부드럽게 말했다.

"오늘은 이만할까요?"

헤런은 토드를 문 앞까지 배웅해주었다. 문을 나서기 전 토드가 헤런을 바라보며 물었다.

"선생님, 제게 정말 관심이 있으세요?"

"무슨 쓸데없는 질문을! 관심이 아주 많습니다. 그래서 지금 당신이 이곳에 온 이유를 이해하려고 노력 중입니다."

"그건 알아요. 하지만 제가 겪은 모든 일이 이해가 되세요? 제 삶 전체가 이해가 되시냐고요?"

"글쎄요, 다 이해한다고 할 수는 없겠죠. 극히 일부, 특히 당신의 어린 시절 정도밖에는 모릅니다. 태어나서 지금까지, 당신의 삶 전부를 알진 못합니다. 저에게 그 이야기를 들려주고 싶으신가요?"

"네. 진심으로 그러고 싶어요. 제가 살아온 이야기를 전부 다 들려드리고 싶어요. 단 한 번도 누군가에게 제 얘길 해본 적이 없어요. 뭐 특별할 것도 없지만. 어쩌면 흔하디흔한 이야기일 거예요. 그래도 한 번쯤은 누군가에게 제가 살아온 삶을 모두 다 털어놓고 싶어요. 한 번쯤은. 선생님이 절 이해하실 수 있도록."

"좋아요. 다음번 상담 땐 그렇게 합시다. 이야기꾼이 되어 당신의 이야기를 들려주세요. '토드의 인생극장', 어때요?"

"고맙습니다. 안녕히 계세요."

토드는 길을 따라 걸었다. 집에 도착할 즈음, 이미 머릿속에 어떤 이야기를 할지 계획이 섰다.

12

나는 어떤 삶을
살아왔는가?

"토드 씨는 아버지를 어떻게 기억하고 있나요?"

"엄하고 절 못마땅해했어요. 늘 아버지의 사랑과 관심을 원했지만

한 번도 받지 못했죠. 어머니가 반복해서 하던 말이 있어요.

'레오야, 나중에. 지금 아버지 바쁘신 거 안 보이니?'

아버지는 절 '테오필루스!' 하고 불렀어요.

그 소리만 들어도 어찌나 무섭던지."

일주일 후, 토드는 헤런의 맞은편에 앉아 이제 막 이야기를 시작할 참이었다. 자신이 살아온 삶에 누군가가 귀를 기울여주다니, 이런 기회가 다시는 없으리란 걸 알고 있기에 심장이 두근거렸다.

"어디서부터 시작해야 할까요?"

"어디든 토드 씨가 하고 싶은 곳부터요."

"음, 어린 시절 최초의 기억은 비치파라솔이 놓인 모래사장에 앉아 슬퍼하던 장면에서 시작돼요. 해마다 저희 가족은 콘월에서 휴가를 보냈어요. 그곳에 모스 테라스라는 거대하고 스산한

별장이 있었거든요. 계단을 올라가면 항구가 내려다보이는 전망이 아주 끝내줬어요. 하지만 그곳에서 보내는 휴가는 항상 즐겁지 않았어요. 아버지는 주말에만 내려왔고 외동이었던 저는 유모와 어머니를 제외하면 혼자였어요. 게다가 어머니는 늘 바빠서 혼자 쓸쓸히 보내는 시간이 많았어요.”

“다른 가족들은요?”

“가족 얘기를 하려면 할아버지인 코르넬리우스부터 시작해야 해요. 할아버지는 올드 애비 양조회사를 세우셨어요. 안타깝게도 그 회사는 현재 국영 맥주회사로 넘어가서 라거 맥주를 생산하고 있지요. 세상에, 라거라니!

할아버지는 전형적인 그 시대 사람이었어요. 부지런했고 직원들에게는 권위적이었고 가족들에겐 엄격했어요. 아버지 말이 그 당시 할아버지는 남자들에게 점심에는 맥주 1리터를, 크리스마스에는 칠면조를 줬다고 해요. 아주 어렸을 땐데 할아버지가 저를 양조장 사무실에 데려가서 직원들에게 ‘어린 주인 토드’라고 소개했어요. 그뿐만이 아니에요. 지위가 제일 높은 직원에게 저를 소개하며 ‘앞으로 우리 회사 사장이 될 녀석이네’라고 하는데 얼마나 무서웠는지 몰라요.”

“왜 무서웠죠?”

“그 어린 나이에도 전 양조장에서 일하고 싶지 않았거든요.”

"왜요?"

"할아버지가 무서웠으니까요. 할아버진 체구가 컸어요. 어린 나이에도 할아버지가 기가 몹시 세다는 걸 알 수 있었죠. 우리는 마을에 있는 저택에 살았지만 할아버지는 토드 홀에 살았어요. 할아버지와 할머니를 방문할 때면 토드 홀이 어떻게 보였는지 선생님은 상상도 못 하실 거예요. 하녀들에, 하인들에, 요리사들에 정원사 군단까지 있었어요. 1년에 한 번씩 보트 경주가 열리는 날이면 몇 날 며칠을 손님들로 북적거렸어요. 한번은 왕자와 공주까지 참석해 토드 홀 잔디밭에서 성대한 오찬이 열렸다고 해요. 안타깝게도 지금은 그때의 반도 안 되는 규모지만요."

닭똥 같은 눈물이 토드의 뺨을 타고 흘러내렸다.

잠시 후, 헤런이 물었다.

"아버지는요?"

토드는 코를 한 번 풀고 이야기를 이어갔다.

"저는 항상 아버지가 할아버지를 닮고 싶어 한다고 느꼈어요. 그래서 그런지 아버지는 저를 더 엄하고 강압적으로 대했죠. 돌아가신 지 20년이나 지났지만 절 얼마나 못마땅해했는지 아직도 생생해요. 단 한 번도 절 마음에 들어 하지 않았어요.

토머스는, 아버지 이름이에요, 부지런했고 성취욕이 강했고 개신교 직업윤리를 따르던 분이었어요. 양조장뿐만 아니라 경영인 자리를 물려받는 걸 늘 부담스러워했죠. 할아버지가 경영에서 물러나고, 물론 회장직에 계속 있었지만요, 아버지는 특히 더 그랬던 것 같아요. 회사를 총 관리 감독했지만 늘 할아버지의 그늘 아래 있었고 무슨 일을 하든 자신을 증명해 보여야 한다고 느꼈을 거예요."

"토드 씨는 아버지를 어떻게 기억하고 있나요?"

"엄하고 절 못마땅해했어요. 늘 아버지의 사랑과 관심을 원했지만 한 번도 받지 못했죠. 어머니가 반복해서 하던 말이 있어요. '테오야, 나중에. (다들 모르겠지만 테오필루스는 제 세례명이에요.) 지금 아버지 바쁘신 거 안 보이니?' 아버지는 절 '테오필루스!' 하고 불렀어요. 그 소리만 들어도 어찌나 무섭던지."

"그럼 어머니는 어떤 분이었나요?"

"다행히 어머니는 저를 많이 사랑해주었어요. 한 번씩 꼭 안아주었죠. 하지만 아버지 앞에서는 절대 그러지 않았어요. 아버지 앞에선 저를 아주 엄하게 대했죠. 그래서 전 죄책감과 불안에 시달렸어요. 제가 뭘 잘못했기에 갑자기 태도를 바꾸는지 도무지 알 수가 없었거든요. 그거 말고는 꽤 유쾌한 분이었고 잘 놀아줬어요. 특히 옷을 차려입고 노래를 부르며 놀았던 일이 기억나요. 한번은 그렇게 놀다가 아버지가 불쑥 들어왔는데 어머니가 대번에 놀이를 멈춘 적도 있었어요. 지금도 전 이유 없이 그때 느꼈던 불안과 죄책감으로 힘들어요."

"어머니의 부모님은 어떤 분이었나요? 혹시 기억나세요?"

"기억하냐고요? 질문이 재미있네요."

토드의 표정이 그 어느 때보다 밝아졌다.

"외할아버지는 제 유년 시절에 아주 큰 영향을 줬어요. 외할아버지는 케임브리지의 한 대학에서 선임 연구원 과정을 마치고 근처 시골 교구의 목사가 됐고 그때를 즈음해 남태평양 선교활동에 참여했어요. 그 후 모두를 놀라게 하며 블루버리 대교구 부주교가 됐는데 설교를 잘하는 걸로 아주 유명했어요. 가끔씩 제가 외할아버지의 뛰어난 언변을 물려받은 게 아닌가 싶어요."

헤런이 아무런 반응을 보이지 않자 토드는 계속 이야기를 이어갔다.

"어머니조차도 항상 '주교님'이라고 불렀어요. 뵙기가 아주 어려웠죠. 한번은 외할아버지가 우리 교회에 선교활동 관련 설교를 하러 왔어요. 어머니가 적극적으로 나서서 도왔죠. 동전을 넣을 수 있도록 지붕에 구멍을 뚫은 오두막집 모양의 헌금 상자가 집에 여러 개 있었어요. 모인 돈은 외할아버지가 남태평양에서 학교와 병원을 짓는 데 쓰일 거라고 했어요. 그렇지만 전 그 돈이 섬을 항해할 때 필요한 배를 만드는 데 쓰인다는 게 더 흥미로웠어요."

"그게 당신이 기억하는 외할아버지의 방문과 대체 무슨 상관이 있죠?"

"지금 막 그 얘길 하려고 했어요. 외할아버지가 설교를 하러 왔을 때, 아직 완성되지는 않았지만 배에 담긴 정신에 대해 말했어요. 그러곤 피스톤과 돛대, 활대 같은 배 부품에 축복기도를 부탁했고 마지막으로 우리는 〈바다 위 위험에 처한 사람들을 위하여 For those in peril on the sea〉를 다 같이 불렀죠. 그 순간 전 너무나 황홀했어요. 그때부터 보트와 보트 타기를 향한 저의 끝없는 사랑이 시작된 것 같아요."

"학교생활은 어땠나요?"

"학교는 또 다른 문제였죠. 일곱 살에 브라이턴에 있는 갤리언스 초등학교에 보내졌어요. 거기서도 전 행복하지 않았어요. 다행히, 교장 선생님은 점잖고 좋은 분이었는데 전쟁의 상처로 살짝 힘들어했어요. 전반적으로 대우가 나쁘진 않았지만 항상 식사가 충분치 않았어요. 그때를 생각하면 지금까지도 잊지 못하는 두 가지가 있어요."

"그게 뭐죠?"

"하나는 학기가 시작될 때마다 집을 떠나며 느꼈던 슬픔과 외로움이고, 다른 하나는 학기가 끝나고 집에 간다는 흥분 뒤에 반기는 사람 하나 없는 집에 돌아와 느꼈던 실망감이에요.

열세 살에 요크셔에 있는 세인트 엔디미온이라는 작은 사립학교에 들어갔어요. 그 학교는 구조적인 면에서나 운영적인 면에서나 예배 중심이었어요. 강건한 기독교 원칙(깊은 신앙과 함께 건강한 육체, 즐거운 삶을 중요시한다—옮긴이)에 입각해 세워진 학교였기에 숨이 막혔고 정을 붙이질 못했어요. 학교가 끔찍하게 싫었고 단체 경기는 정말 죽을 맛이었지요. '네 할아버지이신 주교님'이라는 말을 자주 들었는데 나중에 알고 보니 외할아버지가 이사회 임원이었어요. 외할아버지가 제 행실을 달가워하지 않았을 게 뻔했죠."

"학교생활이 괴롭고 슬프기만 했나요?"

"아니요. 그렇지만은 않았어요."

토드가 활기를 띠며 말했다.

"합창단 활동은 좋아했어요. 가장 행복했던 순간 가운데 하나가 바로 학기 말에 했던 소규모 오페라 공연에서 여자주인공 역을 맡았던 거예요. 그때 골프를 시작했고 핸디캡을 12까지 낮췄지요(골프의 핸디캡은 0에서 30까지 있는데 숫자가 낮을수록 잘 치는 사람이다—옮긴이). 그런데 더 중요한 건, 제가 친구를 사귈 수 있다는 걸 알게 됐다는 점이에요.

전 항상 친구들을 웃게 만들었고 아버지에게 받은 용돈으로 매점에서 먹을 것도 사줬어요. 친구들은 저를 '우리 착한 토디'

라고 불렀고 전 그게 참 좋았어요. 아직도 그 별명이 좋아요. 그래서 제가 몰을 좋아하나 봐요."

토드는 잠시 말을 멈추고 생각에 잠겼다. 헤런은 그런 토드를 방해하지 않았다.

"대학입시 준비반에 들어갈 만큼 공부도 그럭저럭 잘했어요. 그때부터였어요. 여러 방면에서 저 자신을 찾기 시작했죠. 처음으로 나비넥타이를 매기 시작했어요. 제가 집에서 나비넥타이를 하고 있는 걸 아버지는 끔찍하게 싫어했어요. 난생처음으로, 그런 아버지의 반응이 너무 짜릿하게 느껴졌어요. 아버지가 나를 못마땅해하니 싫어할 거리라도 만들어줘야겠다고 생각했어요. 그래서 그때부터 쭉 나비넥타이를 맸어요."

토드는 하고 있던 짙은 파란색 물방울무늬 나비넥타이를 겸연쩍은 듯 만지작거렸다.

"그리고 전 '푸딩스'라는 미식가 클럽을 만들어 초대 회장을 맡았어요. 우리는 근처 마을에 있는 학생 출입 금지 식당에서 만나곤 했지요. 그때부터 음식과 와인에 관심을 가졌어요. 자유분방하다는 말을 듣기 시작했고 스트라빈스키와 베르크의 음반을 사들였어요. 몇몇 작품은 꽤 감동적이었어요. 하지만 지금은 취향이 변했는지 슈베르트가 좋더라고요."

뜻밖의 이야기에 헤런은 살짝 놀라긴 했지만 그저 긴 다리를 풀었다 다시 꼬았을 뿐 겉으로 내색하지는 않았다.

"그다음엔 무슨 일이 있었나요?"

"케임브리지에 들어갔어요. 고등학교마다 할당된 입학정원이 있었는데 라틴어 시험을 간신히 통과해서 겨우 붙었죠. 그런데 처음부터 신학을 공부해야 한다는 거예요. 그게 말이 되냐고요! 다음엔 역사를 하라더군요. 제가 제일 싫어하는 과목이 역사인데 말이에요."

"그렇게 싫은데 왜 하라는 대로 했나요?"

"그게 어디 쉽나요?"

토드가 언짢은 듯 말했다.

"제 인생은 평생 다른 사람들이 결정했으니까요. 이해가 안 되시죠?"

헤런이 그렇다고 대답했지만 토드는 계속 이야기를 이어갔다.

"뭐, 그래도 대학 생활은 즐거웠어요. 여러 친구들과 어울려 다녔죠. 아버지 마음에 드는 친구들일 리가 없었어요. 우리는 바람의 신 아이올로스의 이름을 딴 '아이올리언 시 동아리'를 결성했어요. 일주일에 한 번씩 서로의 방에 모여 아침을 먹고 시를 낭송하고 화이트 와인을 마셨어요. 그뿐만 아니라 펀팅punting(시내를 끼고 흐르는 좁은 강에서 길다란 막대기로 강바닥을 밀면서 하는 일종의 뱃놀이 ―옮긴이)도 즐겼어요. 여름 학기 내내 소풍 바구니를 챙겨

그랜체스터까지 놀러 다니곤 했지요."

"학점은 어땠나요?"

"학점 얘기를 해야겠군요. 지금 생각해도 참 끔찍하네요."

토드는 잠시 말을 멈추고 골똘히 생각했다.

"이것저것 다른 활동들을 하느라 학점이 처참했어요. 솔직히, 학점이랄 것도 없었어요. 개별지도 시간에 매번 빠져서 교수님께 그럴싸하게 쓴 사죄의 편지와 고급 와인을 보내곤 했어요. 그렇게 어찌어찌 마지막 학기를 앞두고 있었을 때였어요."

"무슨 일이 있었나요?"

헤런이 몸을 앞으로 살짝 숙이며 물었다.

"그게."

토드는 몹시 거북해 보였다.

"이 얘긴 아무에게도 한 적이 없는데요. 학장실로 불려가서 호되게 혼났어요. 학장님이 마음을 후벼 파는 말들을 했죠. 별 쓸데없는 말이었지만요. 외할아버지와 절 비교하며 넌 왜 그 모양이냐고 하더군요. 알고 보니 외할아버지가 그 대학 선임 연구원으로 있었더라고요.

하지만 가장 끔찍했던 상처는 아이올리언 아침 식사 모임에 한 번 참석했던 적이 있는 교내 교회 목사가 제게 쪽지를 보내 거기 적힌 성경 구절을 깊이 생각해보라고 한 일이었어요. 전 그 구절을 절대 잊을 수가 없답니다."

"어떤 구절이었죠?"

헤런이 꽤 흥미로운 듯 물었다.

"다니엘서 5장 27절 말씀이었어요. 벨사살 왕의 향연 날 신비의 손이 내려와 벽에 쓴 내용을 담고 있지요."

"뭐라고 쓰여 있었죠?"

헤런이 한층 더 궁금해했다.

"'메네, 메네, 데겔, 우바르신'이라고 쓰여 있었어요. 어릴 때부터 그 이야기를 들어와서 익히 알고 있었어요. 우리는 '이니, 미니, 트레클, 파스닙스'라고 말하곤 했어요. 하지만 그 속에 담긴 의미는 잊고 있었죠."

"그 뜻이 뭔가요?"

헤런이 조바심을 냈다.

"너를 저울에 달아보니 부족함이 보이는구나!' 대충 이런 뜻이에요."

한참을 이어진 침묵 속에서 토드는 불안한 듯 안절부절못했고 헤런은 허공을 가만히 바라봤다. 토드가 진정이 되어 보이자 헤런이 물었다.

"그리고 나서 또 어떤 일이 있었나요?"

"대학은 학생이 기말고사를 망쳐서 낙제하는 꼴을 보고 싶어

하지 않아요. 그래서 결국 '특별' 강좌를 수강해야 했고《넬슨의 삶》이라는 논문 하나로 마지막 졸업 시험을 갈음했어요. 한 달을 매달린 끝에 가까스로 통과했지요. 제가 아버지께 '특별'상을 받았다고 하니 무척 놀라긴 했지만 기뻐하며 용돈을 올려줬어요! 하지만 먹구름이 지평선 위로 솟아오르는 건 곧 폭풍우가 몰아친다는 의미인 걸 알고 있었죠."

"잠시 쉬었다 갈까요?"

그렇게 말하곤 헤런은 방을 나갔다. 잠시 후 물소리가 들리더니 헤런이 들어왔다.

"음, 어디까지 했죠? 아, 맞아요. 폭풍 전야까지 했죠. 다시 시작할까요?"

"오랫동안 아버지는 제가 양조장을 이어받아야 한다고 대놓고 무언의 암시를 줬어요. 생각만 해도 등골이 오싹했죠. 냄새며, 수증기며, 아침 7시 30분부터 일을 해야 한다니! 전 보통 10시나 돼야 일어나거든요! 곧바로 아버지는 사업을 이어받아야 한다고 저를 설득했어요. 가족이 아닌 사람에게 양조장을 물려줄 순 없다고 했죠. 가업을 물려받기엔 제가 너무도 부족할뿐더러 적성에도 맞지 않아 하고 싶지 않다고 했어요. 그랬더니 불같이 화를 내고 아무짝에도 쓸모없는 놈이라며 온갖 비난을 퍼부어댔어요. 그러곤 친구들까지 싸잡아 욕하며 너 같은 놈이 사업은 무슨 사업이냐고 하더군요."

"그때 기분이 어땠나요?"

"어땠을 것 같아요? 기분이 너무 안 좋아서 동네 호텔에 있는 칵테일 바에 가서 한참을 있다가 술이 떡이 돼서 집에 왔어요."

"그다음엔 어떻게 됐나요?"

"제가 다녔던 갤리언스 초등학교에서 보조교사를 구한다고 대학 친구에게서 연락이 왔어요. 그래서 지원을 했는데 생각지도 않게 합격을 했어요. 전 남자아이들과 잘 지냈어요. 모든 과목을 다 가르쳐야 했는데 마침 그 학교는 해군 전통을 몹시 자랑스럽게 여기던 곳이라 넬슨에 대한 제 해박한 지식이 아주 유용했지요. 사실 학교에서 꽤 인기가 있었어요. 솔직히 그걸 즐겼죠. 그 당시 제 별명이 '얄미운 토드'였는데 다들 다정하게 불러주었던 걸로 기억해요."

"누가 아이고 누가 어른인지 구분이 안 갔겠군요."

헤런이 중얼거렸다.

"네?"

"아닙니다. 그래서 어떻게 됐나요?"

"그 학교에서 1년쯤 있었을까, 어느 날 갑자기 아버지가 심장마비로 돌아가셨다는 전보를 받고 바로 집으로 돌아왔어요. 양조장을 팔고 그 스트레스로 돌아가신 게 불 보듯 뻔했어요. 어머니는 막대한 유산을 가지고 이모와 살겠다며 웨스트 컨트리로 갔고 전 토드 홀과 엄청난 재산을 물려받았어요."

"그래서 행복했나요?"

"아니요."

토드가 강하게 부인했다.

"말로 다 할 수 없이 불행했고 어디서부터 어떻게 해야 할지 몰랐어요. 토드 홀은 연회장과 드넓은 마당이 있는 저택이에요. 하루아침에 요리사들이며 하인들, 거기다 정원사들에 다른 직원들까지 다 제 몫이 된 거예요. 매일 저녁, 들어가본 적도 없는 방을 돌아다녔어요. 정말 외로웠어요.

그러다 차츰차츰 제 살길을 찾기 시작했죠. 점심때가 되면 몇몇 친구를 초대했어요. 혼자 밥 먹는 게 죽기보다 싫었거든요. 그리고 다시 보트에 취미를 붙이기 시작했죠. 그러다 랫을 만났고 랫의 친구인 몰과도 친구가 되었어요. 어느새 사람들이 저를 모임에 초대하더군요. 아마도 제가 토드 홀의 주인이기 때문이었을 거예요. 마을 크리켓 클럽 회장과 지역 재향군인회 회장으로 추대되기도 했어요. 거기다 아버지처럼 교구회에 들어가서 교구 위원으로 선출되기도 했고요.

아버지는 마을 사람들에게 주택을 공급하기 위해 '토드 홀 주택조합'을 설립했어요. 저도 신탁 관리자 가운데 하나라서 매달

몇 날 며칠을 저녁마다 모여 회의를 했죠. 그러면서 차츰차츰 사람들과 어울려 관계를 쌓아갔어요."

"삶에 목적의식이 생기기 시작했나요?"

"뭐, 조금은요. 하지만 일이 없을 땐 케케묵은 슬픔과 외로움이 밀려와 며칠씩 우울해지곤 했어요."

"그럴 땐 어떻게 했나요?"

"우울감이 찾아올 때면 제가 잘할 수 있는 일을 찾았어요. 사람들이 보고 멋지다고 할 수 있는 그런 일이요. 그래서 처음 한 게 보트 타기였어요. 진짜 끝내주는 소형 보트를 몇 척 사서 열심히 연습했어요. 누구에게도 말한 적 없지만 제 꿈은 템스강 상류에서 열리는 다이아몬드 조정 경기에 참가하는 거였어요. 하지만 당최 실력이 나아지지 않았죠. 오리들조차 절 보고 비웃어댔다니까요. 그러던 어느 날, 아침에 일어났는데 '이런 우라질, 보트는 무슨!' 그런 생각이 들더라고요. 그러곤 다시는 노를 잡지 않았어요. 며칠 전 아침까지만 해도 그랬어요. 글쎄 사랑스러운 보트들이 창고에서 죄다 썩어가고 있지 뭐예요.

그다음엔 마차에 빠졌어요. 잡지에 소개된 마차 사진을 보고 제일 좋은 걸로 구입했어요. 선명한 노란색에 초록색과 빨간색 바퀴가 도드라진 새로 나온 집시 마차였는데 아주 끝내줬어요. 그 안엔 없는 게 없었어요. 지금도 눈에 선하네요. 아담한 침상,

접어서 벽 쪽에 넣을 수 있는 작은 테이블, 요리용 레인지, 사물함, 책꽂이, 심지어 새가 든 새장도 있었지요. 그뿐인 줄 아세요? 다양한 크기의 냄비, 팬, 물병, 주전자도 있었어요."

토드는 하던 말을 멈추고 황금빛 시절을 떠올리며 멍하니 앉아 있었다.

"마차가 도착하던 날, 마침 랫이 몰과 함께 점심을 먹자고 왔어요. 그래서 우린 멋진 휴가를 떠나기로 했어요. 적어도 그럴 줄 알았죠!"

토드가 한숨을 내쉬었다.

"오, 이런."

눈물이 뺨을 타고 또르르 흘러내렸다.

"지금 알고 있는 것을 그때도 알았더라면 얼마나 좋았을까요. 그땐 모든 게 좋아 보였고 재밌어 보였어요. 마치 에덴동산에서 추방당하기 전과 같았다고나 할까요. 다시 어린아이가 된 것 같았어요. 친구들은 아닐지 몰라도 적어도 저는 그랬어요. 교회 시계는 3분 전 10시를 가리켰고 홍차에 넣을 꿀이 아직 있을 줄 알았어요(영국 조지 왕조 시대의 시인이며 케임브리지 학생이었던 루퍼트 브룩의 시 〈옛 사제관, 그랜체스터The Old Vicarage, Grantchester〉의 한 구절—옮긴이)."

토드는 잠시 말을 멈췄다.

"그때부터 모든 게 잘못되어가는 것 같았어요…."

그의 목소리가 차츰 잦아들었다. 조용히 흐느껴 울면서 어쩌다 그의 인생으로 악의 그림자가 스멀스멀 기어들어 왔는지 떠올렸다. 헤런은 아무 말도 하지 않았다.

한참 만에 토드는 눈물을 훔친 뒤 자세를 바로 하고 앉아 나지막이 물었다.

"그 뒤로 무슨 일이 있었는지는 선생님도 아시죠?"

"네. 다들 그랬겠지만 저도 기사로 읽었어요. 삶의 일부가 여러 사람에게 항상 노출되어 있다니 참으로 안타깝네요."

헤런은 잠시 숨을 고르고 물었다.

"여기까지 할까요? 토드 씨가 그동안 어떻게 살아왔는지 충분히 잘 들은 것 같습니다. 덕분에 당신을 더 잘 이해할 수 있게 되었어요."

"네. 그럴게요."

토드가 정신을 추스르기 시작했다.

"솔직히 꽤 재미있었죠?"

"아주 흥미롭게 들었습니다. 그런데 중요한 건 이야기 속에서 무엇을 배울 수 있냐는 거예요."

그렇게 말하곤 헤런은 상담을 마무리 짓고 토드를 문 앞까지 배웅했다. 토드가 막 문을 나서려는데 헤런이 물었다.

"저기, 사고가 난 후 새장에 있던 새는 어떻게 되었나요? 아까부터 물어보고 싶었어요."

"몰이 집으로 데려가서 돌봐줬어요. 사실, 지금도 잘 키우고 있어요. 몰은 정말 좋은 친구예요."

토드는 길을 따라 걸으며 그 불쌍한 새처럼 평생을 새장에 갇혀 지냈다는 생각을 했다. 과거에서 벗어나 자유를 찾을 수 있을까? 헤런에게 물으면 보나마나 '좋은 질문이네요, 토드 씨. 당신은 어떻게 생각하나요?'라고 받아칠 게 뻔했다.

'아우, 짜증 나!'

하지만 집에 도착할 즈음, 어느새 토드는 그 대답을 찾으려 애쓰고 있었다.

13

나는 왜 끊임없이
심리 게임을 할까?

＊

"모든 아이들에게 태어나 처음 몇 년은 매우 강력하고 강렬해서
아이들은 그 경험을 바탕으로 자신만의 세계관을 형성하게 됩니다.
다시 말해 그때 접한 바깥세계가 지금 나의 내면세계가 되는 겁니다.
그때 만들어진 인생의 태도가 당신의 행동과 행복에 쭉 영향을 미치고
그 영향은 평생 이어집니다. 그것은."
헤런이 토드를 똑바로 쳐다보았다.
"당신이 달라지기로 결심하지 않는 한 변하지 않습니다."

＊

헤런에게 자신이 살아온 이야기를 전부 털어놓을 수 있었던 것은 생각보다 큰 의미가 있었다. 비웃음을 사거나 외면당하지 않고 그동안 겪은 일을 이야기하고 나니 커다란 위안이 되었다. 성인군자도 아닌, 그렇다고 대역죄인도 아닌, 좋든 나쁘든 그저 토드라는 이름으로 그가 살아온 삶이었다. 무엇보다 헤런이 진심으로 그의 이야기를 귀담아 들어줘서 정말 행복했다.

이야기를 하다 보니 자신이 지나온 삶을 여러 각도에서 살펴볼 수 있었다. 이런저런 사람들과 사건들이 오랜 시간 자신에게 어떤 영향을 끼쳐왔는지 하나둘 깨닫기 시작했다. 자신의 행동

특성이 어떠한지, 그리고 하나의 경험이 어떻게 또 다른 경험으로 이어지는지도 조금씩 이해하게 되었다. 예전에는 과거의 사건들을 떠올렸을 때 연결고리라곤 없는 하나의 독립된 회상 장면에 지나지 않았다. 가끔씩 감옥에 갇혔던 사건처럼 제법 긴 시간에 걸쳐 일어났던 일들을 떠올릴 때도 있었지만 그럴 때마다 나쁜 생각은 얼른 떨쳐버리고 다른 생각을 하려고 애썼다.

하지만 이제는 자책하지 않고 과거의 사건들을 떠올릴 수 있는 힘이 생기기 시작했다. 사건들 간의 연관성을 찾고 죄책감 없이 객관적으로 바라보게 되었다. 특정 사건이 왜 그런 식으로 일어났는지 그리고 그 안에 담긴 의미가 무엇인지 점차 이해하게 되었다. 다시 말해, 자신의 행동을 돌아보고 그 과정을 통해 깨달음을 얻기 시작한 것이다.

이제 토드는 자신의 삶을 계획적으로 바라보고 있었다. 이렇게 되기까지 헤런에게서 배운 것들이 큰 도움이 되었다. 인생이 한 편의 연극이라는 생각은 별반 새로울 게 없었지만 자신도 모르는 사이 정해진 대본에 맞춰 상황을 만들어갔다고 생각하니 놀랍기 짝이 없었다. 그렇다면 무의식(이제 무의식이라는 단어를 아무렇지 않게 쓸 수 있었다) 어딘가에 결말이 정해진 '인생 대본'이 있고 그 대본에 맞춰 알 수 없는 힘에 의해 하릴없이 끌려다녔단 말인가?

정말 그렇다면, 헤런의 말처럼 '연극을 하고 있다면' 자신은 어떤 종류의 연극에 출연 중이란 말인가? 어쩌면 자신이 비웃음과 조롱의 대상인 코미디일지도 모른다. 아무리 노력해도 대본을 바꿀 수 없는 그런 코미디. 그런데 최근 들어 다른 삶의 방식도 있다는 사실을 깨닫기 시작했다. 미리 짜놓은 대본을 따르는 대신 살아가면서 대본을 써나갈 수도 있을 것 같았다. 정해진 대본 없이 행동하고 말하는 것은 몹시 두려운 일일 것이다. 적어도 대본이 있기 때문에 스스로 생각하고 결정하는 부담을 덜 수 있었다. 대본이 없다면 '안녕하세요' 다음에 무슨 말을 해야 할까?

한편으론 매 순간이 새로운 가능성이고 도전이라 생각하니 정말 짜릿했다. 토드는 이것이야말로 진정한 삶이라 생각하고 순간순간 진심을 다해 최선을 다하기로 마음먹었다. 어린 시절부터 이어진 인과관계의 사슬을 끊어버리고 과거의 족쇄에서 벗어나 진정한 자아를 찾기로 했다. 자신의 삶과 살아가는 방식에 조금 더 진심으로 다가가기로 결심했다.

상담이 있기 하루 전날, 토드는 아주 끔찍한 꿈을 꿨다. 꿈에서 토드는 오래된 조종사 모자와 고글, 긴 가죽 장갑까지 착용한 채 비행기 안에 있었다. 그는 사방이 뚫린 조종석의 뒷좌석에 있었고 조종사는 앞에 앉아 있었다. 갑자기 조종사가 뒤를 돌아보더니 이를 드러내 보이며 소름 끼치게 씩 웃었다. 배저였다. 배저는

"토드, 이제 넌 혼자야"라고 소리치더니 비행기에서 뛰어내리며 낙하산을 펼쳤다.

토드는 비행기를 조종해본 적이 없었기에 무척이나 두렵고 무서웠지만 어찌된 셈인지 용케 들판에 착륙했다. 비행기가 폭발하며 화염에 휩싸였고 그 순간 토드는 비행기에서 기어 나와 도망쳤다. 온몸이 땀으로 범벅이 된 채 잠에서 깼다. 혼자서 비행기를 착륙시키고 죽음을 모면하다니 섬뜩하면서도 짜릿했다.

다음 날, 토드는 상담소로 향했다. 늘 하던 대로 인사를 주고받은 다음 토드는 지난번 상담 때 자신의 인생사를 털어놓고 난 후 떠오른 생각들을 이야기했다.

"있잖아요, 선생님. 제 삶을 전체적으로 바라보고 제 인생의 대본과 스스로 만들어가는 연극에 대해서 생각해봤어요. 그런데 이해할 수 없는 게 있어요. 이 모든 게 어디서부터 시작되었느냐는 거예요. 제 인생의 대본이 어떻게 쓰이게 되었는지 알 수 있는 방법은 없을까요? 제가 맡은 역할이 마음에 들지 않을뿐더러 지금껏 그 역할을 즐겨본 적이 없단 말이죠. 시작을 알면 바꿀 수 있을 거 아니에요. 전 해피 엔딩이 좋거든요."

헤런이 미소를 지어 보였다.

"토드 씨, 당신이 무슨 말을 하는지 알아요. '가혹한 운명의 돌팔매질과 화살들'(셰익스피어의 〈햄릿〉에 나오는 표현—옮긴이)을 용케 피해 가는 연극에만 출연한다면야 좋겠지요. 나중에 이런 상황에 대처하는 법도 알아봅시다. 그런데 제가 보기에 당신이 가진 기본적인 태도와 행동의 시작점을 알고 싶은 것 같은데, 그렇지 않나요?"

"바로 그거예요. 그런데 어떻게 접근해야 할지 모르겠어요."

"현재를 이해하려면 과거를 살펴봐야 한다고 말해도 이젠 놀랍지 않을 겁니다. 사실, 맨 처음 시작부터 살펴봐야 해요. 태어난 순간부터 네 살, 다섯 살에 이르기까지 당신에게 있었던 모든 일이 당신과 당신의 성장에 가장 큰 영향을 미칩니다. 그보다 큰 영향을 미치는 것은 거의 없어요. 그때의 경험이 당신이 자신을 보는 관점과 다른 사람들을 보는 관점에 영향을 미치고 그 결과 당신은 당신만의 세계관을 형성하게 됩니다. 그리고 그렇게 형성된 세계관이 사물을 바라보는 관점이 됩니다. 이후 남은 인생동안 당신의 세계에서 당신의 관점으로 모든 것을 바라보며 살아가지요."

토드가 잠시 생각에 잠기더니 물었다.

"천문학자가 하나의 특정한 시각으로 천체를 관찰하고 그 편협하고 제한된 시각에 근거해 모든 사고와 예측을 하는 것과 같다는 말인가요?"

"바로 그거예요. 차이점이라면 우리는 당신의 심리적 세계관에 대해 이야기하고 있다는 거지요. 그 세계관은 당신의 내면 깊은 곳에서 비롯된 것입니다. 당신의 가장 핵심적인 영혼에서 비롯되었다고 할 수도 있겠군요."

"그렇다면 저는 세상을 어떻게 보고 있나요?"

"우리는 영유아기에 어떤 경험을 했느냐에 따라 각기 다른 세상을 봅니다. 때로는 신념과 생각이 너무 다르다 보니, 보는 세상도 너무 달라서 다 늙은 뒤에 유혈 사태를 치러야만 겨우 합의점을 찾기도 합니다."

"이해가 되질 않아요. 우리는 모두 지구라는 같은 행성에 살고 있는걸요. 우리 사이에 그 정도로 큰 차이가 있을 수 있나요?"

"가능하다는 거 알잖아요. 가령 당신의 어린 시절과 브라질 빈민가에서 자란 아이의 어린 시절을 비교해봅시다. 아니면 더 알기 쉽게, 당신보다 훨씬 가난한 집에서 자랐지만 사랑을 듬뿍 받고 귀하게 자란 영국 아이와 비교해봅시다."

그 말을 듣자 토드의 눈에 눈물이 그렁그렁 맺혔다.

"이 아이들은 각각 자신만의 독특하고 남다른 세계관을 만들어갈 거예요, 그렇죠?"

헤런이 말했다.

"네, 맞아요. 어린 시절의 어느 날 우리가 각자 사진을 찍는다면 그 사진들은 아주 많이 다를 거예요."

"그럴 겁니다. 하지만 명심하세요, 우리는 단순히 물리적인 세계만을 말하는 게 아닙니다. 삶의 초창기 경험을 통해 형성된 내면의 심리적인 감정과 정서 세계에 대해 이야기하고 있어요. 모든 아이들에게 태어나 처음 몇 년은 매우 강력하고 강렬해서 아이들은 그 경험을 바탕으로 자신만의 세계관을 형성하게 됩니다. 다시 말해 그때 접한 바깥세계가 지금 나의 내면세계가 되는 겁니다."

헤런이 자신의 가슴을 두드리며 말했다.

"그때 만들어진 인생에 대한 태도가 당신의 행동과 행복에 쭉 영향을 미치고 그 영향은 평생 이어집니다. 그것은."

헤런이 토드를 똑바로 쳐다보았다.

"당신이 달라지기로 결심하지 않는 한 변하지 않습니다."

"설마, 태어나 처음 그 몇 년이 제 인생 전부를 좌지우지한다는 말인가요? 그때만 해도 산 지 얼마 되지도 않았던 데다 어린 시절 이후로 제 인생에 얼마나 많은 일들이 일어났다고요. 아슬아슬하고 흥미진진한 모험도 많이 했고 그런 경험들이 제게 많은 영향을 주었어요."

"안타깝지만, 어린 시절을 피해 갈 순 없어요. 인생에는 시작과 중간, 끝이 있기 마련입니다. 그리고 시작은 분명 다음 단계에 영향을 주지요. 결국, 영유아기의 경험을 바탕으로 우리의 세계관이 형성되는 겁니다."

"전 아직 '세계관'이 뭔지 정확히 잘 모르겠어요. 좀 더 자세히 설명해주시겠어요?"

"그럴게요. 그것은 유아기, 그러니까 당신이 네다섯 살 즈음에 두 가지 질문에 어떻게 대답하느냐 하는 거예요."

"그 두 가지 질문이란 게 뭐죠?"

토드가 미심쩍은 눈초리로 물었다.

"첫 번째는 '나는 나 자신에 대해 어떻게 생각하는가? 나는 괜찮은 사람인가?'라는 질문이고, 두 번째는 '나는 다른 사람에 대해 어떻게 생각하는가? 그들은 괜찮은 사람인가?'라는 질문이에요."

토드는 헤런이 던진 실존적인 질문에 대해 곰곰이 생각해보더니 마침내 질문을 던졌다.

"누가 나에게 그런 질문을 하죠?"

"당신이 살아온 삶이요. 특히 당신이 살아오면서 겪은 경험이 묻습니다."

"그러면 '괜찮다'는 것은 정확히 어떤 의미죠?"

"'괜찮다'는 딱 집어 '좋다'라는 뜻이고 '괜찮지 않다'는 딱 집어 '나쁘다'라는 뜻입니다."

"그렇다면 그 두 가지 질문에 제가 어떻게 대답했을까요? 첫 번째 질문에는 '네'라고, 두 번째 질문에는 '아니요'라고 대답했을지도 모르잖아요."

"맞아요. 각각의 질문에 '네' 혹은 '아니요'로 대답할 수 있기 때문에 결국 네 가지 대답이 나올 수 있습니다. 한번 써볼까요?"

헤런은 크레용을 집어 차트에 다음과 같이 적었다.

1. 나는 괜찮다; 당신도 괜찮다.

2. 나는 괜찮다; 당신은 괜찮지 않다.

3. 나는 괜찮지 않다; 당신은 괜찮다.

4. 나는 괜찮지 않다; 당신도 괜찮지 않다.

"이해가 되세요?"

"잘 모르겠어요."

토드는 도통 모르겠다는 표정을 지었다. 그러곤 당황한 듯 말했다.

"좀 더 쉽게 설명해주세요."

"도표를 그리면 좀 더 이해가 쉬울 거예요."

헤런은 다음과 같이 도표를 그렸다.

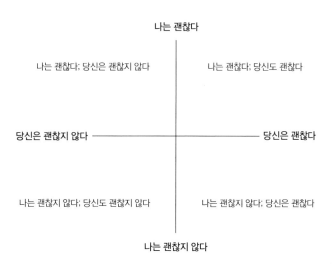

인생 태도

나는 괜찮다

나는 괜찮다; 당신은 괜찮지 않다   나는 괜찮다; 당신도 괜찮다

당신은 괜찮지 않다 ————   ———— 당신은 괜찮다

나는 괜찮지 않다; 당신도 괜찮지 않다   나는 괜찮지 않다; 당신은 괜찮다

나는 괜찮지 않다

 "도표를 보면 각각의 사분면에 제가 설명한 네 가지 인생 태도가 있습니다. 이제 하나씩 살펴보고 그 의미를 알아보죠."

 "그런데 이게 왜 중요한가요?"

 토드가 조바심이 난 듯 몸을 이리저리 움직였다. 보아하니 뭔가 이의를 제기하고 싶은 게 분명했다.

 "이게 모두 사실이라고 치고, 선생님이 제 인생 태도를 어떻게 아는진 모르겠지만, 이게 지금 무슨 상관이죠? 제가 서너 살 때 이 네 가지 인생 태도 가운데 하나를 가지고 있었다 하더라도 저는 지금…."

토드가 말을 멈췄다.

"지금 전 나이를 많이 먹었잖아요. 서너 살 때랑은 아무런 상관이 없어 보여요."

놀랍게도 지금껏 토드는 자신의 나이를 정확히 말한 적이 없었고 헤런 역시 토드의 나이를 알지 못했다.

"토드 씨."

헤런이 인내심을 가지고 말했다.

"중요한 건 말이죠, 이 네 가지 유형이 삶을 살아가는 태도라는 거예요. 영유아기 때 인생 태도가 결정되면 평생 그 태도를 가지고 살아가게 되지요. 그때 결정된 태도가 존재의 근간을 이루고 그때부터 우리는 신념과 기대를 더욱 확고히 다져가고 그에 맞춰 세상을 만들어갑니다. 다시 말해 우리는 자기충족적 예언에 따라 살아갑니다."

"잠시만요, 선생님. 또 헷갈려요. 예언이라는 건 앞으로 일어날 일을 미리 알고 말하는 거 아닌가요? 왜 성서에 나오는 이사야와 호세아, 그런 옛날 예언자들이 하는 거 말이에요."

"맞습니다. 그런데 이 경우엔 우리의 예언이 실현될 수 있도록 우리가 사건을 통제합니다. 세상이 우리의 기대에 맞춰 돌아가도록 하는 겁니다."

"도대체 우리가 그걸 어떻게 한다는 거예요?"

토드가 어이없다는 듯 물었다.

"미래에 무슨 일이 벌어질지 모르는데 어떻게 영향을 줄 수 있죠? 말도 안 돼요. 아무리 확실해 보여도 그렇지 미래에 일어날 일을 어떻게 알겠어요?"

수년간 조정 경기에 참여하면서 토드는 이 같은 사실을 몸소 깨달았다.

"이쯤에서 새로운 개념을 소개하는 것이 도움이 되겠군요."

토드가 미처 대답을 하기도 전에 헤런은 차트에 '필연적 결과 Inevitable Consequences'라고 썼다.

토드가 미간을 찌푸리며 차트를 빤히 쳐다봤다.

"예를 좀 들어주시겠어요?"

"물론이죠. 과음을 하면 어떤 필연적 결과가 뒤따를까요?"

"취하겠죠."

토드는 가끔씩 술을 진탕 마셔대곤 했다.

"또 다른 건요?"

"다음 날 숙취 때문에 죽어나죠."

"맞습니다. 술에 취하면 그에 따른 필연적 결과로 숙취가 뒤따르죠. 그게 바로 미래를 결정짓는 한 가지 방법이라고 할 수 있어요. 이를테면 사는 게 우울하고 힘들어서 오늘 술을 마시면 내일 있을 끔찍한 숙취까지 당신 스스로 결정하는 겁니다. 다시 말해서 자기충족적 예언을 만들어내는 셈이지요."

"친구들과 술 한잔하고 다음 날 머리가 지끈거리는 일을 그렇게까지 심각하게 설명해야 하나요?"

"물론 그렇진 않죠. 저는 지금 오랫동안 규칙적으로 반복되는 행동을 말하려는 거예요. 평생 반복되는 행동 말이에요. 이 같은 행동은 일종의 게임이라고도 해요. 사실, 이 게임의 이름은 '알코올의존'입니다."

"게임이라뇨!"

토드가 소리쳤다.

"저에겐 게임일 수가 없어요."

"이건 일종의 심리 게임입니다. 유명한 《심리 게임Games People Play》이라는 책에 언급된 게임이죠. 그것 말고도 그 책에선 100가지 게임을 소개하고 설명합니다. 그런데 게임들의 필연적 결과는 참가자들이 불행해진다는 겁니다."

"다른 게임을 하나만 더 예로 들어주시겠어요?"

"그러죠. 그 전에 먼저 제 질문에 대답해주세요. 우리가 다음에 살펴봐야 할 가장 중요한 것이 뭘까요?"

토드는 대답을 생각해보려 했지만 너무도 갑작스러운 질문이라 당황스러웠다.

"잠시만요. 생각이 정리가 되질 않아요."

"토드 씨, 시간 없어요. 빨리요."

헤런이 조바심을 내며 말했다.

"대답이 뻔하잖아요. 얼른 생각해봐요!"

토드는 학창 시절로 돌아가 정답을 모르는 질문을 받은 기분이었다.

"아이고, 답답해라. 이제 보니 제 말을 잘 안 듣고 있었군요."

토드가 질문이 뭔지 잘 이해가 되지 않는다고 얼버무리자 별안간 헤런이 웃음을 터트렸다.

"하하하. 게임이 재미있었나요?"

토드는 살짝 기분이 언짢았다.

"그런 식으로 뜬금없이 질문하는 건 아니죠. 무슨 말을 해야 할지 몰랐다고요. 절 아주 바보로 만들어놨잖아요."

"미안해요. 그런데 이런 게 게임이에요."

"네?"

토드는 여전히 화가 난 듯 씩씩거리며 물었다.

"정말 재미없는 게임이군요. 그래, 이 게임은 이름이 뭔가요?"

"'내 생각을 맞춰봐' 게임이에요. 선생님들이 오래전부터 학생들을 상대로 이 게임을 해왔어요. 물론 승자는 선생님이고요. 당신이 방금 그랬듯이 학생은 바보가 된 기분이 들고 선생님은 그런 학생을 상대로 우월감을 느끼는 게임입니다. 당신이 그렇게 열심히 게임에 참여할 줄은 몰랐어요. 어쨌든 제 의도는 제대로 전달된 것 같네요."

"선생님이 말씀하시는 그 게임이란 게 '즐거운 게임'은 아니라는 거지요? 좀 전에 한 그 게임은 아주 불쾌했어요."

"맞아요. 모든 게임이 기본적으로 정직하지 않고, 결과 역시 재미보다는 극적인 면이 있지요. 표면상으론 사실적인 문제를 다루고 있는 것 같지만 그 동기가 몹시 기만적이에요. 게임은 두 영역으로 진행됩니다. 하나는 개방적이고 정직해 보이는 사회적 영역이고 다른 하나는 동기가 은밀하게 숨어 있는 심리적 영역입니다. 바로 심리적 영역에 거짓이 개입되지요. 그리고 게임의 필연적 결과는 언제나 부정적인 감정입니다."

길고 긴 침묵이 흘렀다. 토드는 몹시 피곤했다. 헤런의 설명을 머리로 이해하려고 애써봤다. 하지만 마음속 깊은 곳에서 그것이 자꾸만 자아를 건드려 감정의 소용돌이가 일었다. 스스로 깨닫고 싶었다. 헤런의 설명이 의도하는 곳으로 가고 싶었다. 그렇지만 그곳이 어디인지 알 수가 없었다. 다만 성장으로 가는 방향인 것만은 분명했다.

토드는 깊은 자기성찰에 빠졌다. 그런 토드를 보며 헤런이 말했다.

"시간이 다 됐군요."

문을 나서려던 토드가 말했다.

"몹시 혼란스러워요. 게임과 인생 태도가 정말 중요하다는 건 알겠어요. 그런데 좀 더 생각해봐야 할 것 같아요. 대략적인 것만 설명해주셔서 그런지 잘 모르겠어요."

"맞아요. 중요하지만 이해하기 어려운 것들이죠. 게다가 오늘은 살짝만 건드렸을 뿐이에요. 다음 상담 때 심리 게임 중심으로 더 자세히 살펴보기로 해요. 괜찮죠?"

"감사합니다. 그렇게 하자고 부탁드리려던 참이었어요. 다음 주에 뵐게요."

토드는 상담소 문을 나섰다.

14

심리 게임의 승자는
누구일까?

"토드 씨 생각은 어때요? 상담을 처음 시작했을 때
당신은 자기연민으로 몹시 괴로워하고 있었어요. 그렇지 않나요?"

"네, 맞아요. 다들 절 못 잡아먹어 안달이었거든요.
정말 슬펐고 스스로가 참 보잘것없는 존재처럼 느껴졌어요.
전 늘 사랑받고 싶었어요, 제가 무슨 일을 하든."

"심리 게임과 인생 태도 간의 연결고리를 이해하고 나면 많은 도움이 될 거예요. 지난번 상담 때 이야기 나눴던 인생 태도 기억하죠?"

"그럼요."

헤런의 질문에 토드는 벽에 걸린 차트 쪽으로 걸어가 지난주에 그린 도표를 찾았다.

"좋아요. 도표를 보면 사분면마다 각각의 인생 태도가 있어요. 오늘 우리는 네 가지 인생 태도를 하나씩 살펴보면서 각각의 유형에 속한 사람들이 어떤 게임을 하는지 알아볼 거예요. 이런 방식으로 진행해도 될까요?"

"네. 좋아요. 뭐부터 할지 제가 선택해도 될까요?"

"그럼요. 뭘 먼저 할까요?"

토드는 차트를 한 장 넘겨 '나는 괜찮지 않다; 당신은 괜찮다'
라고 썼다. 그러곤 헤런에게 물었다.

"이게 정확히 무슨 뜻이죠?"

"자기 자신은 형편없고 상대방은 자신보다 낫다고 생각하는
사람들이 보이는 행동 방식이에요."

"뭐가 더 낫다는 거죠?"

"거의 모든 면에서요. 자존감이 낮은 사람은 대체로 자신은 사
는 게 형편없는데 남들은 잘 산다고 느껴요. 이 유형에 속하는 사
람들은 대개 자신이 희생당하고 있다고 느끼고 결국 자신이 희
생자로 끝나는 게임을 하지요."

"예를 들면요?"

"'난 정말 운이 나빠.'"

"네?"

토드가 깜짝 놀라 되물었다.

"게임 이름이 그래요. 이 게임은 스스로 운이 나쁘다고 믿고 툭
하면 자신에게 일어난 불행한 일들을 주저리주저리 늘어놓는
사람들이 하는 게임이에요. 예를 들어 안 좋은 일이 있으면 집이

나 집터 탓을 하고 심지어 거울을 깨거나 소금을 쏟아도 재수 없다며 온갖 미신을 갖다 붙이죠."

"하지만 진짜 운이 나쁜 사람도 있지 않나요? 전 살면서 단 한 번도 복권에 당첨된 적이 없거든요. 앞으로도 그럴 일은 없을 것 같고요."

"그보다 훨씬 더 심각한 경우를 말하는 거예요. 슬프고 우울한 일들만 골라 기억하고 좋았던 일들은 잊어버리거나 그냥 넘어가는 사람들을 말하는 겁니다."

"그렇게 살면 사는 게 얼마나 힘들까요?"

"잘 보셨어요. 이 게임을 하는 사람들은 우울감에 빠져 있어요. 자신의 삶을 나쁜 기운이 지배한다고 생각해요. 그러다 보니 불안과 무력감을 느끼지요."

잠시 뜸을 들이더니 토드가 물었다.

"다른 게임이 또 있나요?"

"PLOM이 있어요."

"아, 기억나요."

토드가 재빨리 외쳤다.

"'작고 불쌍한 어린 시절의 나'였잖아요. 저번에 선생님이 제가 그 게임을 한다고 비난했잖아요!"

"맞아요. 전에 한 번 언급한 적이 있죠. 하지만 비난한 적은 없는 것 같은데요. 당신을 비난하려는 게 아니라 그 게임을 그만둘 수 있도록 게임에 대해 알려주려고 했던 거예요."

"제가 정말 그 게임을 하고 있다고 생각하세요?"

"토드 씨 생각은 어때요? 상담을 처음 시작했을 때 당신은 자기연민으로 몹시 괴로워하고 있었어요. 그렇지 않나요?"

"네, 맞아요. 다들 절 못 잡아먹어 안달이었거든요. 특히 모험을 마치고 집으로 돌아왔을 땐 더했죠. 정말 슬펐고 스스로가 참 보잘것없는 존재처럼 느껴졌어요. 전 늘 사랑받고 싶었어요, 제가 무슨 일을 하든."

"그건 또 다른 게임인데요."

"다른 게임이요?"

"그건 '무조건 날 사랑해주세요' 게임이에요. 어떤 사람들은 남들이 자기를 어디까지 용서하고 어디까지 받아줄 수 있는지를 확인하기 위해 일부러 일을 그르치거나 곤경에 빠지곤 하죠. 그러고 나서 '거봐, 그렇다니까. 난 정말 한심하고 멍청해'라고 말하죠."

"제가 보기엔 매우 위험한 게임이네요. 내가 사랑하거나 존경하는 사람이 나를 포기하면 비참할 뿐만 아니라 심한 자책감이 들 것 같아요."

"맞아요. 이런 게임들이 얼마나 위험한지, 얼마나 건강에 해로운지 깨닫기 시작했군요."

둘 다 깊은 생각에 잠겨 한동안 아무 말도 하지 않았다. 한참 만에 헤런이 물었다.

"토드 씨, '나는 괜찮지 않다'라고 느끼는 사람이 할 수 있는 가장 극단적인 행동이 뭐라고 생각하세요?"

토드는 나지막한 목소리로 대답했다.

"자살… 아닐까요?"

"맞아요. 물론 '나는 괜찮지 않다'라고 느낀다고 해서 모두 자살을 한다는 의미는 아니에요. 하지만 영국 젊은이의 주요 사망 원인이 자살이라는 거 아세요?"

"아니요, 몰랐어요. 그렇지만 납득이 가네요. 저 역시 그런 상황을 겪어봤으니까요. 너무도 외롭고 무서웠어요."

토드는 자신이 한때 그 지옥의 구렁텅이에 얼마나 가까이 갔었는지 떠올리며 가만히 앉아 있었다. 잠시 후 헤런이 물었다.

"이런 희생자 게임을 하고 있는 사람들은 어떤 자아 상태일 것 같나요?"

"슬픈 어린이일 것 같아요."

그는 좀 더 기운을 내서 덧붙였다.

"아니, '같아요'가 아니라 그래요. 슬픈 어린이 자아 상태예요. 제가 겪어봤어요."

그러곤 토드는 다시 침묵 속으로 빠져들었다.

"이제 다른 유형의 인생 태도를 살펴볼까요?"

잠시 후 헤런이 물었다. 그리고 차트에 '나는 괜찮다; 당신은 괜찮지 않다'라고 썼다.

"이 태도를 지닌 사람들은 어떨 것 같나요?"

"알 것 같아요. 분명 자신이 남들보다 더 낫다고 생각하는 사람들 유형일 거예요. 이 유형에 속한 사람들은 자신들의 태도를 더욱 강화하는 게임을 하겠죠?"

"맞습니다. 화를 잘 내거나 평가하고 지적하기 좋아하는 사람들이 하는 게임입니다. 이런 심리적 태도를 가진 사람들은 자신이 남들보다 우월하다는 입장에 서서 게임을 진행합니다."

헤런은 차트에 '너 이 자식, 이번에 딱 걸렸어'라고 썼다.

"도대체 그게 뭔가요?"

"게임 이름이에요."

"게임 이름이 좀 듣기 거북하네요."

토드는 비속어 사용을 그다지 좋아하지 않았다.

"맞아요. 이름만큼 불쾌한 게임이에요."

"어떤 게임인가요?"

"이 게임은 주로 직장에서 일어납니다. 예를 들어 직원 하나가 다들 떠올릴 만한 흔한 실수를 해요. 그때 이를 알아차린 상사가 그 부하 직원을 불러다 놓고 실수에 비해 지나치게 질책하고 고래고래 소리를 지르며 미친 듯이 악을 씁니다. 눈치챘겠지만 이 게임은 화를 내는 게 당연한 것처럼 보이게 해서 '나는 괜찮다; 당신은 괜찮지 않다'라는 인생 태도를 더욱 견고하게 만들어요. 이 유형에 속한 사람들은 다른 사람들은 근본적으로 무능하고 신뢰할 수 없기 때문에 그들을 꾸짖고 벌주는 일이 자신들의 의무라고 생각합니다. 그러곤 이렇게 말하죠. '내가 이렇게 하지 않으면 이놈들은 잘못하고도 그냥 넘어가려 할 거야.'"

"어휴, 당하는 입장이 안됐네요. 그러고 보니 딱 어린 시절 제 아버지네요. 하긴, 다 커서까지도 그랬지만. '너 이 자식, 이번에 딱 걸렸어'는 아버지가 좋아하는 게임이었을 거예요."

"안타깝게도 요즘 들어, 특히 직장 내에서 이 게임을 하는 사람들이 점점 늘어나는 것 같아요. 직장 내 우위를 차지한 사람들이 마치 자신이 부모라도 된 양 부하 직원들을 말썽쟁이 아이 다루듯 혼내고 있지요. 신문을 보면 직장 내 괴롭힘 관련 기사들이 어찌나 많은지. 그나저나 당신은 어디 호소할 데도 없었네요.

'나는 괜찮다; 당신은 괜찮지 않다' 유형에 속하는 사람들이 하는 게임 중에 토드 씨가 알 만한 것도 있어요. '너는 왜 항상 날 실망시키니?'라고."

"세상에, 그것도 아버진데. 아버지가 제게 늘 하던 말이에요."

"아마 그 게임을 하셨을 수도 있어요."

헤런이 중간에 끼어들었다.

"맞아요. 아버지는 저를 상대로 그 게임을 자주 했어요. 승자는 늘 아버지였죠. 그 게임은 제가 참 쓸모없는 존재 같다거나 죄책감을 느끼는 걸로 끝났어요. 아버지는 게임을 하면서 저는 쓸모없고 자신은 우월한 존재라는 믿음을 스스로 확인한 거였군요. 아닌가요?"

"안타깝지만 맞을 거예요. 게임을 통해 도덕적 우월감을 더 확실히 하는 거죠. 그 게임은 종종 '어떻게 감히!'라는 게임으로 이어져요."

"이 유형에 속하는 사람들은 항상 남을 공격하고 비난해야 직성이 풀리나 보군요."

"정확히 잘 짚었어요. 이 유형 사람들은 기회만 생기면 타인을 평가하고 벌주는 일종의 박해자들이에요. 내면에 어떤 박해자가 있기에 이런 행동을 하는지 생각해보는 것도 흥미로운 일이지요."

헤런이 잠시 말을 멈추더니 물었다.

"'나는 괜찮다; 당신은 괜찮지 않다' 유형에 속하는 사람들이 취할 수 있는 가장 극단적인 행동에는 뭐가 있을까요?"

토드가 잠시 생각하더니 대답했다.

"살인, 아닐까요?"

"맞습니다. 다행히 그렇게까지 하는 사람들은 거의 없습니다. 하지만 이런 상사를 둔 사람들은 '밑에서 일하려니 아주 죽겠어'라고 말하곤 할 거예요. 그리고 그건 진심일 겁니다."

"이 유형에 속하는 사람들은 어버이 자아 상태로 게임을 하겠군요?"

토드는 생각에 잠겼다.

"그것도 비판적 부모라고 할 수 있지요. 이들은 쉽게 비난하고 쉽게 분노하고 말도 안 되는 잣대로 상대를 평가하려 들어요. 때로는 '이러는 내가 너보다 더 아프단다' 혹은 '다 너를 위해 이러는 거란다'라고 말하며 양육적 부모인 척할 때도 있어요. 하지만 그런 말이 위선이라는 것쯤은 다들 알 수 있지요. 그런데 이런 심리적 태도를 보이는 사람들에게 한 가지 흥미로운 점이 있어요. 바로 그들은 거의 우울해하지 않는다는 거예요."

"왜 그렇죠?"

토드가 놀라며 물었다.

"왜냐하면 분노는 우울한 생각을 해소하는 훌륭한 방어기제거든요. 이들은 화를 낼 때 죄책감 따윈 느끼지 않아요. 상대방을 탓하기 바쁘니까요. 다른 사람을 상대로 자신이 가진 내적 두려움을 분노로 분출시켜 스스로를 보호하지요. 그래서 자신이 아넌 남들에게 화를 내는 겁니다."

토드가 혼란스러워하자 헤런이 설명을 이어갔다.

"예를 들어볼게요. '나는 괜찮다; 당신은 괜찮지 않다' 유형에 속한 사람이 택시를 불렀는데 택시가 오질 않아요. 이럴 때 어떻게 할 것 같나요?"

"화를 내겠죠. 배저 아저씨라면 불같이 화를 내며 택시회사에 전화를 걸어 '너 이 자식, 이번에 딱 걸렸어' 게임을 할걸요."

"맞습니다. 그렇다면 '나는 괜찮지 않다; 당신은 괜찮다' 유형이 같은 상황에 처했다고 해봅시다. 그는 어떻게 반응할까요?"

토드가 잠시 생각하더니 탐탁지 않은 듯 말했다.

"확실히 화를 낼 것 같지는 않아요. 하지만 그다음에 어떻게 할지는 잘 모르겠어요."

"토드 씨, 당신이라면 어떻게 하시겠어요. 기다리는 택시가 오질 않아요. 기분이 어떨까요?"

토드는 잠시 생각에 잠겼다.

"기분이 안 좋겠죠. 그러다가 혹시 택시 기사가 내 전화를 잊어버렸나 하고 궁금해할 것 같아요. 그러곤 중요한 전화가 많이 와서 내 전화가 뒤로 밀려났나 보다 할 것 같아요."

토드가 잠시 멈칫했다.

"어쩌면 예약도 하나 똑바로 못 하냐며 저 자신을 탓할지도 모르겠어요."

"두 유형의 차이를 아시겠어요?"

"네. 분명히 알겠어요."

토드가 다소 흥분한 듯 목소리를 높였다.

"제가 여기서 어떤 의미를 찾아야 하죠? 배저 아저씨처럼 택시 회사에 전화를 걸어 고래고래 소리치고 미친 듯이 악이라도 써야 하나요? 제가 그래야 한다고 생각하시는 건가요?"

토드는 말을 멈추고 헤런을 똑바로 쳐다보았다.

"선생님은 저를 '나는 괜찮지 않다'에 속하는 진짜 겁쟁이로 보시는 거죠, 그렇지 않나요?"

"그럴 리가요. 전혀 그렇지 않습니다. 인생 태도 유형을 누군 가에게 이러이러한 딱지를 붙여 공격하고 모욕하는 용도로 활용해선 안 됩니다. 인생 태도는, 특히 나 자신의 행동을 이해하기 위한 하나의 방법일 뿐이에요."

"변명처럼 들려요. 선생님을 공격하려는 게 아니에요. 하지만 선생님께 화가 나네요. 아까부터 계속 끓어올랐는데 도저히 못 참겠어요."

헤런은 태연한 척하려 애썼다. 그러나 놀란 기색을 감추기가 힘들었다.

"왜 자꾸 제 잘못과 실수를 인정하라고 하는 거죠? 왜 절 어떻게 생각하는지 한 번도 대놓고 말하지 않는 거죠? 왜 매번 '토드 씨, 당신은 어떻게 생각하나요? 토드 씨, 기분이 어떤가요?'라고 묻기만 하냐고요? 지금껏 단 한 번도 저를 어떻게 생각하는지 선생님 생각을 말한 적이 없어요. 어찌 됐든 선생님은 전문 상담사잖아요. 가끔씩 보면 선생님은 제 아버지 같아요. 이제 그만 좀 해요!"

토드는 의자에 앉아 헤런의 눈을 똑바로 쳐다봤다.

적막이 흘렀다. 한참 만에 헤런이 입을 열었다.

"그래서 어떻게 할 생각인가요?"

토드는 거의 폭발하기 일보 직전이었다.

"또 시작이군요. 그놈의 질문, 질문, 질문. 빌어먹을 질문 따윈 좀 집어치워요!"

토드는 더 이상 못 참겠다는 듯 헤런을 쳐다봤다. 심장이 마구 뛰었지만 곤두박질칠 지경까진 아니었다. 진심으로 화가 났지만 스스로 통제할 수 있었다. 그리고 잘은 모르겠지만 헤런과 아버지와 관련해 뭔가 매우 중요한 일을 해냈다는 생각이 들었다.

솔직히 말해, 자신이 방금 도대체 무슨 일을 저질렀나 싶어 한편으론 겁이 덜컥 났다. 단순히 헤런에게 무례를 저질러서 그런 것만은 아니었다. 헤런에게 맞섰고 어떤 측면에서는 그를 이겼다. 그리고 이런 행동은 아버지와도 상관이 있었다. 갑자기 그들에게 종속될 필요가 없다는 생각이 들었다. 자신의 주장을 펼치고 하고 싶은 말을 할 수 있을 것 같았다. 그러나 자신의 행동이 필연적으로 불러온 새로운 상황에 대처해야 했다. 당장 헤런을 어떻게 대해야 한단 말인가?

한참 뒤 토드가 입을 열었다.

"죄송해요. 하지만 제 행동에 후회는 없습니다. 아까부터 말해야겠다고 생각했어요. 그래서 적당한 때를 기다리고 있었어요. 제 마음 이해하시겠어요?"

"그랬군요. 제가 당신의 사과를 받아들이길 원하세요?"

"아니요. 제 생각은 변함없어요. 그렇지만 상담은 이제 그만해도 될 것 같습니다."

"네. 그런데 생각해보니 한 번 더 만나면 좋겠어요."

"왜죠? 우리가 할 일은 이제 끝난 것 같은데요."

"끝났죠. 하지만 마무리가 덜 됐습니다. 한 번 더 만나야 하는데는 두 가지 이유가 있습니다. 첫째는 그동안 여기서 배운 내용들을 다시 한번 훑어보고 앞으로 어떻게 할지 이야기할 기회를 가지면 좋겠습니다. 다시 말해, 앞으로 어떻게 달라질지 당신의 이야기를 듣고 싶어요."

"네, 그건 그렇네요. 두 번째 이유는요?"

"두 번째 이유는 우리 사이에 새롭게 형성되고 있는 이 관계에

대해 이야기 나누고 왜 이렇게 되었는지 같이 생각해봐야 할 것
같아요."

"좋아요."

그러고는 토드가 덧붙였다.

"그리고 감사합니다."

둘은 사뭇 진지하게 악수를 나눴다.

15

토드, 스스로
해답을 찾다

"아하! 상담을 하면서 제가 의존적인 상태에서 벗어나
점점 독립적인 상태로 성장해갔다는 거죠?"
"네, 맞아요. 상담을 할 때 우리는 이성적인 부분뿐만 아니라
감정적인 부분도 다루지요. 먼저 머리로 행동을 이해하고 그다음에
감정적인 부분을 건드렸을 때 자신을 온전히 이해하게 돼요.
그 과정에서 감정이 무시해도 되는 부가적인 것이 아니라
자아의 중심이라는 사실을 깨닫고요."

집에 돌아와 토드는 가장 먼저 다이어리를 펼쳤다. 꽤 오랫동안 상담 일정 말고는 적은 게 없었다. 하지만 최근 들어 사회 활동을 시작하면서 하나둘씩 다이어리도 채워졌다.

우울감에 빠져 있을 때, 다시 말해, 몰이 토드를 발견하기 전까지 꽤 오랫동안 토드는 아주 끔찍한 권태기를 경험했다. 아무런 목표도, 이정표도 없는 사막처럼 시간이 한없이 펼쳐졌고 매일매일 공허함이 밀려와 삶의 목표를 빼앗아 갔다. 그러다 매일 산책을 하며 조금씩 생활을 바로잡으려 애썼고 상담은 덧없이 흘러가는 시간 속에 조금이나마 할 일을 제공해주었다.

기분이 점차 나아지면서 상황도 변하기 시작했다. 내면이 성장하자 성숙한 사회생활도 가능해졌다. 지난주에는 강둑 마을 크리켓 클럽의 연례 총회에 참석했고 반대 없이 회장으로 재선출되었다. 다들 전보다 훨씬 좋아 보여서 다행이라며 인사를 건넸다. 깜짝 선물로 연두색, 연보라색, 초콜릿색이 섞인 새로 만든 클럽 넥타이를 받았는데 토드 마음에 쏙 들었다. 그 자리에서 나비넥타이를 풀고 새 넥타이를 매자 회원들이 환호성을 질렀고 그 덕에 매우 흐뭇해졌다. 다가오는 시즌엔 토요일마다 크리켓을 해야겠다고 마음먹고 다이어리에 적어 넣었다. 외로움의 사막에 다시금 꽃이 피어나기 시작했다.

다이어리를 훑어보다가 또 다른 즐거운 약속이 토드의 눈에 들어왔다. 몇 주 뒤에 레드라이언호텔에서 점심을 먹기로 했다. 어제 랫이 '축하 기념 점심'이라고 쓰인 초대장을 보내왔다. 뭘 축하하는 자리인지 몰라 랫에게 전화를 걸었다. 그랬더니 랫이 "물론 너의 회복이지. 우리 모두 참석할 참이야"라고 말해서 깜짝 놀랐다.

무엇보다 '나의 새로운 모험'이라고 적어놓은 일정에서 토드의 달라진 태도를 알 수 있었다. 늘 자신은 일과는 거리가 멀다고 생각해왔다. 양조장에서, 그것도 아버지 밑에서 일해야 한다는 게 두려웠기 때문이다. 하지만 혜런과 상담을 하면서 일에 대해 다시 생각해보게 되었다. 목표가 있어야 지속적으로 발전하고 성장할 수 있으며 그러려면 일이 필요하다는 사실을 깨달았다. 그동안은 물려받은 재산이 있으니 일할 필요가 없었고 그러다 보니 정신력이 나약해지고 재능이 고갈되어버렸다. 마치 운동선수가 훈련을 중단하면 근육이 풀리고 늘어지듯이. 그러나 지금은 기분이 완전히 달라졌다. 맞서 싸워 이기고 싶었다.

조심스럽게 그리고 조금씩 미래를 위한 계획을 세워나갔다. 도시에서 일하는 두 지인을 만났다. 그뿐만 아니라 재무관리인을 만나 난생처음 재정 상태를 살펴보고 토드 홀이 재정적으로 얼마나 위태로운지도 깨달았다. 그런 일련의 일들이 자극이 되어 정말로 하고 싶은 것이 무엇인지 생각하게 되었고 점차 마음속에 아이디어가 샘솟기 시작했다. 토드는 자신만의 사업을 시작하고 싶었다.

뜻밖에 헤런이 전화를 걸어 다음 상담을 연기하자고 했을 때도 토드는 전혀 불안하지 않았다. 헤런은 미안하다며 3주 뒤에 만나자고 했다. 오히려 잘된 일이었다. 새로운 모험을 위해 이미 여러 약속을 잡아놓은 터라 시간이 필요했다. 상담은 친구들과 점심을 먹기로 한 날 오전에 하기로 했다. 변경된 날짜에 상담이라고 적고 그날 있을 두 가지 약속 모두 중요하다는 의미로 동그라미를 쳐두었다.

약속한 날이 되었다. 토드는 아침 일찍 눈이 뜨였다. 침대에 누워 마지막 상담이 어떨지 생각했다. 막상 만나려고 하니 살짝 두렵기도 했다. 그런 마음이 든 건 혜런도 마찬가지였다. 3주 전 상담 때 혜런과 토드는 서로의 입장을 충분히 이해하지 못했다. 토드는 혜런에게 화가 났지만 자신이 정말 화를 낼 줄은 몰랐다. 혜런 역시 토드가 일종의 의미 있는 반기를 들 거라는 건 알고 있었지만 그렇게까지 반항적으로 나올 줄은 몰랐다. 어쨌든 그날의 일은 생산적이고 의미 있었으며 그들의 관계를 바꿔놓았다. 하지만 그 후로 둘 사이에 어떤 일이 벌어질지는 아무도 몰랐다.

아침을 먹고 나서 바깥을 보니 날씨가 화창했다. 그래서 자전거를 타고 혜런 상담소로 향했다. 건물 벽에 자전거를 세워놓고 이번이 마지막이 될 벨을 누르고 문이 열리길 기다렸다. 둘은 늘 하던 대로 인사를 나누고 각자 자리에 앉았다.

"이제 마지막 상담이네요."

"그러게요. 이제 여길 안 온다고 생각하니 기분이 이상해요."

"그동안 우리가 몇 번 만났는지 아세요?"

"그럼요, 알죠. 다이어리에 다 적어두는걸요. 끔찍했던 첫 만남을 빼고 열 번이에요. 더 많이 만난 것 같지만요."

"그래요? 당신이 처음 이곳에 왔을 때 기분이 어떠냐고 물어본 지가 아주 오래전 일 같아요. 그때 당신이 뭐라고 했는지 기억나세요?"

"물론이죠. 펑펑 울면서 감정온도가 1과 2 사이라고 했지요."

"지금은 그때보다 훨씬 밝아 보여요. 처음 만났을 때는 몹시 슬프고 실의에 빠져 있었는데, 이제는 생기가 넘치고 행복해 보이네요."

토드는 확실히 좋아 보였다. 두 뺨에 혈색이 돌고 큰 눈은 반짝거렸다. 새로 산 체크무늬 양복에 크리켓 클럽에서 선물로 받은 새 넥타이까지 멋지게 차려입었다. 헤런이 물었다.

"자, 지금은 기분이 어떤가요?"

"언제쯤 그 질문을 할까 궁금했어요."

토드가 미소를 지어 보였다.

"제가 느끼기에도 많이 좋아졌어요. 식욕도 돌아오고 잠도 잘 자요. 예전엔 뒤척이다가 새벽같이 눈이 뜨이곤 했어요. 그런데 그땐 왜 그랬을까요?"

"이유를 정확히 설명하긴 어려워요. 우울증을 앓는 사람들의 일반적인 증상 가운데 하나지요. 토드 씨 내면에 있는 두려움과 관련이 있어 보여요. 우울할 때 불안한 마음이 들어 편안할 수가 없어요. 상황이 좋지 않으니 뭔가 조치를 취해달라고 마음속 비상벨이 울리는 것과 같아요."

잠시 생각에 잠기더니 토드가 말했다.

"선생님 말이 맞는 것 같아요. 그런데 이제는 육체적으로도 정신적으로도 훨씬 에너지가 넘쳐요. 예전엔 그 무엇에도 관심이 없었거든요. 모든 게 다 힘들게만 보였어요. 신문도 읽을 수가 없었으니까요. 하지만 이젠 아니에요. 미래를 위해 계획도 세우기 시작했는걸요. 새해 결심 같은 거 말고 진짜 계획 말이에요. 실천에 옮길 날짜까지 생각해가며 구체적이고 세세하게 계획을 세우고 있어요."

"훌륭하네요. 그래서 지금 당신의 기분은 어떤가요?"

"음, 진부하게 들리겠지만 행복해요. 얼마 전까지만 해도 모든 게 의미 없어 보였는데 이제는 어떤 새롭고 흥미로운 일이 일어날지 하루하루가 기대돼요. 정말 큰 변화 아닌가요?"

"물론이죠. 그럼 지금은 감정온도가 몇 도쯤인가요?"

토드는 망설이지 않고 대답했다.

"오늘은 9예요. 거의 10에 가깝다고 할 수 있죠. 더 좋아질지도 모르니 나중을 위해서 조금 남겨두고 싶어요."

"다른 사람들에 대해선 어떤 감정이 드나요?"

"선생님이 그런 질문도 하다니 재밌네요. 대체 왜 그랬는지는 잘 모르겠지만 상담소에 처음 왔을 무렵에는 친구들한테 관심이 없었어요. 친구들이 뭘 하는지 궁금하지 않았죠. 솔직히 친구들이 저를 괴롭힌다고 생각했어요. 하지만 이제는 그렇지 않아요. 친구들이 뭘 하며 지내는지 정말 궁금해요. 친구들도 저랑 같은 마음이면 좋겠어요."

토드는 헤런에게 상담이 끝나면 친구들과 점심을 먹으며 앞으로의 계획을 이야기할 거라고 말했다.

"이제 더 이상 자살은 생각하지 않는 거죠?"

헤런이 무덤덤하게 물었다.

"그럼요. 더 열심히 살고 싶은걸요. 하지만 그동안 우울했던 감정들은 잊지 않으려고 해요. 그 기억이 경계선에 서 있을 때 삶이 어떻게 되는지 상기시켜줄 테니까요."

토드는 진지해 보였다.

"지금의 당신은 어떤 유형일까요?"

잠시 후 헤런이 물었다. 토드가 자리에서 일어나 차트 쪽으로 가더니 인생 태도가 그려진 페이지를 펼쳤다.

"'나는 괜찮다; 당신도 괜찮다'라고 해도 될까요? 그러고 싶어요, 아니 지금은 '나는 괜찮다; 당신도 괜찮다' 유형이에요."

"용감한 선택이군요."

"왜 '용감'하다고 하는 거죠? 진짜 그렇게 느껴서 그렇게 말했는데요."

"용감하죠. 그 유형을 선택한다는 것은 그저 선택이 아니라 삶에 최선을 다하겠다는 뜻이니까요."

"그게 정확히 무슨 말이죠?"

토드가 어리둥절해하며 물었다.

"'나는 괜찮다; 당신도 괜찮다' 인생 태도는 역동적이에요. 정적이지 않죠. 에베레스트산을 정복하듯 '이제 됐어. 드디어 도착했어'라고 하는 게 아니에요. 나는 괜찮고 다른 사람들도 괜찮다고 믿으려면 나 자신뿐만 아니라 다른 사람들에게 행동과 태도를 통해 이를 끊임없이 증명해 보여야 해요. 나와 당신이 모두 괜찮다는 태도는 잔인한 운명의 화살을 피할 수 있는 피난처가 아니니까요."

"그렇군요. '나는 괜찮다; 당신도 괜찮다'라고 말하려면 행동으로 그 믿음을 증명해 보여야 한다는 거죠?"

"맞아요. 그것은 신이나 초자연적인 것에 대한 믿음이 아니라 나 자신과 타인을 믿는 인본주의에 가까워요."

"너무 진지한 거 아닌가요?"

"'진지'라는 말이 중요하다는 의미라면, 그 말이 맞아요."

둘 사이에 침묵이 흘렀다.

"선생님, 우리 관계가 달라지긴 했네요. 얼마 전까지만 해도 선생님이 그렇게 말하면 제가 무식한 말을 해서 절 바보 취급한다고 생각했거든요. 그런데 이제는 선생님이 한 말이 어떤 의미인지 그리고 그 말에 제가 동의할 수 있나 없나를 생각할 수 있어요. 정말 큰 변화 아닌가요?"

"그럼요. 이런 관계의 변화가 저 때문인가요 아니면 당신 때문인가요?"

"정답을 알아요."

토드가 미소를 지었다.

"제 안에서 변화가 일어났기 때문이라는 말을 듣고 싶으신 거죠? 그 말에 전적으로 동의해요. 제가 봐도 달라졌으니까요. 선생님께 의존한다는 느낌도 없고 선생님 말에 반박할 때에도 질책받을까 봐 두렵지 않아요."

토드는 멈칫했다가 다시 말을 이어갔다.

"제가 보기엔 선생님도 달라진 것 같아요."

"어떤 면에서요?"

"이제는 그렇게 독단적이거나 비판적이지 않은 것 같아요. 예전엔 제가 무슨 말을 하면 선생님이 어떻게 생각할까 눈치를 살폈거든요. 뭐, 선생님은 감정을 숨긴 채 무표정한 얼굴로 일관하긴 했지만요."

잠시 후 헤런이 물었다.

"토드 씨 말대로라면, 상담을 해나가는 동안 우리의 관계는 어땠나요?"

"선생님이 그걸 의도했는지는 모르겠지만 대체로 부모 자식

관계 같았어요. 전 자주 선생님께 의존했고 늘 정답을 알려주길 바랐거든요.”

“제가 답을 드렸나요?”

“아니요. 분명히 많은 걸 가르쳐줬고 큰 도움이 됐지만 해답을 주진 않았어요. 이제야 깨달은 사실이지만 문제의 답을 스스로 찾아 어른이 되도록 이끌어주셨어요.”

토드는 잠시 말을 멈췄다.

“하지만 지금은, 아니 얼마 전부터 우리 관계가 훨씬 편안해진 것 같아요. 특히 지난번 상담 이후부터요. 그날은 제가 성장하는 과정에 이정표가 되었어요.”

“흥미롭네요. 상담을 하는 내내 당신이 심리적으로 성장하고 있다고 생각했거든요.”

“어떤 식으로요?”

“처음 이곳에 왔을 때 당신은 방금 말했듯 어린아이처럼 의존적인 상태였어요. 답을 듣고 싶어 했고 부모의 인정을 바라듯 저를 끊임없이 바라봤지요. 물론 전 그러지 않으려고 노력했고요. 그래서 계속 ‘어떻게 생각하세요?’, ‘기분이 어떤가요?’라는 질문을 해가며 날아온 공을 당신에게 다시 던졌죠. 그래서 당신이 화가 났던 거예요.”

“맞아요.”

토드가 살짝 흥분했다.

"그런 태도가 너무 짜증 나는 거예요. 그래서 결국 폭발했고 급기야 지난번 같은 일이 벌어졌죠."

"그랬죠. 이제 보니 그 일이 당신이 성장하는 데 아주 중요한 시작점이 되었네요. 당신은 부모에게 반항하는 10대처럼 행동했어요. 감정의 추錘가 의존에서 분노로 그리고 저를 거부하고 싶은 마음으로 움직이며 제게 반기를 든 거죠. 사실, 의존을 거부하게 된 거예요."

"그랬군요? 그런데 그 일이 지금 저에게 왜 중요하죠?"

"왜냐하면 아버지에 대해 품고 있던 감정을 제게 전이시켰기 때문이에요. 저를 상대하면서 바로 아버지를 상대한 거죠. 아이가 아닌 어른답게 행동할 수 있는 힘과 용기를 찾은 거예요. 그 과정을 거쳐 당신은 어른으로 성장했고 스스로 자신의 주장을 펼치고 독립적으로 행동하게 된 겁니다."

"아하! 상담을 하면서 제가 의존적인 상태에서 벗어나 점점 독립적인 상태로 성장해갔다는 거죠?"

"네, 맞아요. 상담을 할 때 우리는 이성적인 부분뿐만 아니라 감정적인 부분도 다루지요. 먼저 머리로 행동을 이해하고 그다음에 감정적인 부분을 건드렸을 때 자신을 온전히 이해하게 돼요. 그 과정에서 감정이 무시해도 되는 부가적인 것이 아니라 자아의 중심이라는 사실을 깨닫고요."

"아!"

토드는 또다시 생각에 잠겼다.

"지난번에 화를 냈을 땐 감정이 진심으로 개입되었고 그래서 제가 변할 수 있었다는 거군요?"

"네. 감정에 충실했고 화를 내는 행동에 대해 스스로 깨달았어요. 감정이 진심으로 개입되면 성장의 기회가 생깁니다. 이것이 바로 경험을 통해 이루어지는 진정한 배움이죠. 그뿐만 아니라 우리가 태어나면서부터 중요한 것을 배워나가는 학습 방식이기도 하고요."

"감정을 통해 배워간다니 마치 반지성주의처럼 들리는데요. 그렇다면 학교와 대학은 어떤가요? 학교는 감정이 아닌 지성을 통해 학습이 일어나도록 하잖아요? 문제를 해결하는 데 감정을 배제해야 한다고 하지 않나요?"

"정확히 짚었어요. 사람들은 지식의 중요성을 알고 전문성을 향상시키기 위해 노력하고 있어요. 지금 이 순간에도 점점 더 많은 전문가들이 점점 더 늘어나는 전문적인 문제들을 다루고 있지요. 또한 과거에 비해 더 많은 사람들이 교육을 받고 있고요. 대학과 실업학교는 학생들로 빼곡하고 지성과 IQ의 세상이 확장되고 있지요. 전에는 물리적인 세상에 대해 이렇게까지 많이 알지 못했어요…."

혜런이 말을 멈추더니 조용히 물었다.

"EQ의 세상은 어떤가요? 정서지능에 대해 우리는 얼마나 알고 있을까요?"

"전에도 한 번 언급했던 걸로 기억해요. 그때는 그게 무슨 말인지 몰랐어요. EQ가 정확히 뭔가요?"

"EQ란 자신의 내적 감정을 이해하고 통제할 수 있는 힘을 말해요. IQ와는 완전히 다르죠."

"그렇다면 EQ가 높은 사람들은 어떤 특징이 있나요?"

"한마디로, 자아의식이 뛰어나고 자신의 감정을 잘 알고 있는 사람들이죠. 감정을 다스릴 줄 알고 회복탄력성이 있어서 슬픔과 불행을 잘 극복해내요. 무엇보다 EQ가 뛰어난 사람들은 충동을 조절하고 만족을 지연하는 능력이 있어서 성급하고 무분별하게 행동하고 결정하지 않아요."

"흠, 마지막 순간까지 배우네요. 지금껏 살면서 저는 제가 한 일에 대해 바로바로 보상받길 원했지 단 한 번도 인내하며 기다려본 적이 없어요. 그래서 온갖 문제가 생겼나 봐요. 하지만 이제라도 정서적으로 현명해지고 싶어요."

토드는 잠시 말을 멈췄다.

"EQ에 대해 좀 더 알려주실래요?"

"그래요. EQ는 타인을 이해하는 능력과도 관련이 있어요. EQ가 높은 사람들은 타인의 감정을 잘 알아차리죠. 이런 능력을 '공감'이라고 해요. 하지만 EQ에서 비롯된 가장 큰 기술은 타인의 감정을 잘 이해하고 대처해 좋은 관계를 형성해나가는 능력이에요. 마지막으로 토드 씨에게 이 얘길 해주고 싶네요."

토드는 꼼짝하지 않고 앉아 헤런의 말에 귀를 기울였다.

"EQ는 당신이 성장하고 발전할 수 있도록 이끌어줘요. EQ를 통해 독립적인 성향에서 상호의존적인 성향으로 나아갈 수 있기 때문이죠."

"그게 정확히 무슨 뜻이죠?"

"독립적이라는 것은 일종의 자부심을 담고 있어요. 다시 말해, 자신을 남들과 다른, 개성을 지닌 객체로 보고 마치 자유를 쟁취한 식민지 국가가 그러듯 새롭게 얻은 자율권을 지키려고 애쓴다는 뜻이에요. 물론 이런 행동이 문제라는 건 아니에요. 반면 상호의존적인 사람은 서로 차이가 있어도 타인을 수용할 줄 알고 성숙함과 자기수용 능력이 있어요. 사회관계에서든 직장에서든 타인과 원만하게 잘 지내고 협력하지요."

"그렇군요. 그런데…."

토드가 말을 꺼내자 헤런이 막아섰다.

"토드 씨, 시계 좀 보세요. 15분이나 지났네요. 미안해요. 시간이 이렇게 된 줄 몰랐어요. 상담 끝나고 다른 약속이 있다고 했는데 미안해요."

"아닙니다. 오늘 상담 정말 즐거웠어요. 점심 식사 약속엔 조금 늦어도 괜찮아요."

둘은 자리에서 일어나 문 쪽으로 걸어갔다. 토드는 옷걸이에서 외투를 집어 걸쳤다.

"앗! 선생님, 깜빡할 뻔했어요."

토드는 주머니에서 종이에 싼 선물 꾸러미를 꺼내 건넸다.

"이거 받으세요. 작지만 감사의 선물이에요."

"고맙습니다. 열어봐도 될까요?"

"그럼요. 별거 아니에요."

혜런이 포장지를 뜯자 연하고 짙은 나뭇결이 그대로 살아 있는 작고 예쁜 목기가 나왔다.

"바람에 쓰러진 호두나무로 제가 직접 만들었어요. 나무 조각하는 일을 좋아하거든요. 이 그릇을 보면서 함께했던 시간을 기억해주시면 좋겠어요."

"감사합니다. 소중히 간직할게요. 그릇을 보면서 당신과 함께하는 동안 제가 배운 것들을 기억할게요."

"정말요?"

토드가 놀란 듯 물었다.

"선생님이 배우다니요? 배우는 건 저뿐인 줄 알았는데요."

"음, 그건 토드 씨가 잘못 생각했네요. 배우는 내용은 다르지만 상담 중에 학습은 언제나 쌍방향으로 일어난답니다. 토드 씨, 얼른 가세요. 약속 시간에 늦겠어요. 안녕히 가세요."

"안녕히 계세요. 그리고 감사합니다."

토드는 자전거에 올라타 레드라이언호텔로 향했다. 그리고 뒤돌아보지 않았다.

16

잘 가, 우울했던 나!
안녕, 달라진 나!

이제 로드는 바보같이 굴지 않기로 했다.

토드는 마음속으로 외쳤다.

'자, 힘을 내! 토드, 너답게 행동해야지!'

"이봐, 친구들. 나는 내 인생에 엄청난 영향을 끼칠 몇 가지 계획을 세웠어."

"중요한 일인데 별다른 관심이나 축하도 없이 그냥 지나치곤
해. 그건 아마 지나고 나서야 그 일이 얼마나 중요한지 깨닫기 때
문이 아닐까."

점심을 먹으며 토드의 회복을 축하하자고 제안한 랫이 남긴
말이었다.

무슨 연유에선지 랫은 레드라이언에서 점심을 먹자고 했다.
레드라이언은 오래된 호텔로, 한가운데에 뜰이 있고 벽과 바닥
을 목재로 만든 식당이 있다. 늘어진 콧수염에 낡은 검은색 구두
까지 내려오는 길고 흰 앞치마를 두른 웨이터들은 건물만큼이

나 나이가 들어 보였다.

호텔에 도착하기 전이었지만 랫은 이미 메뉴가 뭔지 알고 있었다. 고기가 들어간 걸쭉한 브라운 윈저 수프와 치폴라타(손가락 크기만 한 작은 생소시지―옮긴이)를 곁들인 흑칠면조 구이, 그리고 디저트로는 셰리 트라이플(셰리주에 재운 스펀지케이크에 과일을 쌓고 그 위에 커스터드와 크림을 얹은 디저트―옮긴이)과 체더치즈, 커피가 나올 예정이었다. 예약해둔 방이 제대로 준비가 되어 있는지 확인하기 위해 랫은 제일 먼저 도착했다. 이시스(고대 이집트의 풍요의 여신―옮긴이)라는 이름이 붙은 방은 생각보다 훌륭했다. 풀을 먹여 빳빳한 새하얀 테이블보가 깔린 식탁에는 냅킨과 반짝이는 유리잔, 고풍스럽고 묵직한 식기류가 놓여 있었다.

랫은 와인 리스트를 살펴보았다. 예상대로 가격도 맛도 좋은 고급 와인들이 보였다. 랫은 보르도 와인 두 병을 주문해놓고 호텔 바에서 친구들이 오기를 기다렸다. 랫은 평소 즐겨 마시는 OBJ 맥주 한 잔을 주문했다. OBJ는 말 그대로 '즐기자Oh Be Joyful'의 머리글자다. 그러곤 카운터에 기대 아주 기분 좋게 맥주를 쭉 들이켰다.

토드가 도착했다. 토드는 느긋하고 편안한 마음으로 친구들을 만나 그동안의 일들을 모두 이야기할 생각에 설렜다. 자전거를 호텔 밖에 세워놓고 크리켓 클럽에서 받은 새 넥타이를 고쳐 맨 뒤 별생각 없이 호텔 뜰을 걸어가는데 갑자기 다리에 힘이 확 풀렸다. 문득 이곳이 어디인지 깨닫자 이곳과 관련된 사건들이 물밀듯이 밀려들었다. 이곳은 바로 레드라이언이었다. 몇 년 전 자신의 행실을 고치려 드는 친구들에게서 도망쳐 거하게 점심을 먹고 (너무도 끔찍해서 떠올리고 싶지 않았다) 눈부시게 멋진 자동차를 훔쳤다가 감옥으로 직행했던 바로 그 호텔.

다행스럽게도 그 순간 랫이 호텔 입구에 나타나 걱정스러운 듯 물었다.

"토디, 어서 와. 무슨 유령이라도 본 얼굴이네. 네가 제일 먼저 왔어. 얼른 들어와. 내가 술 한잔 살게."

토드는 정신을 차리고 랫을 따라 호텔 바로 들어갔다. 나이가 가장 많은 웨이터가 무슨 일이 있었냐는 듯한 얼굴로 한참을 쳐다보았지만 토드는 애써 태연한 척하며 웨이터에게 외투를 건넸다.

"뭐로 할래? 비터(영국에서 인기가 높은 쓴맛이 강한 맥주─옮긴이) 괜찮아?"

"아니. 나는 소다수를 탄 브랜디 아니면 안 먹는 거 알잖아."

"웃기지 마, 토드."

랫이 활기차게 말했다.

"네가 맥주 마시는 걸 얼마나 많이 봤는데."

"내가 무슨 맥주를 마셨다고 그래, 어디 그 맥주 이름이 뭔지 대보시지!"

토드는 달라진 자신의 모습을 확인하기 위해 따지는 연습을 해보았다.

둘 사이의 논쟁이 과열될 찰나, 때마침 몰과 배저가 도착했다. 둘은 같은 택시에서 내렸고 늘 그랬듯 배저는 몰에게 요금을 내게 했다.

"어서 오세요, 아저씨. 어서 와, 몰."

친구들은 바에 모여 기분 좋게 담소를 나누었다.

"래티, 이렇게 다 같이 점심 먹을 생각을 하다니 정말이지 기특하구나."

배저가 상냥하게 말했다. 랫은 배저가 머리를 쓰다듬을 수도 있겠다 싶었다. 토드는 터무니없는 이야기를 몰에게 들려주었다. 몰은 "정말? 그래서 어떻게 됐어?"라고 물었지만 사실은 아까부터 점심 메뉴 생각뿐이었다.

그때 나이 든 웨이터가 다가와 랫에게 말했다.

"식사가 준비됐으니 안으로 들어가시죠."

랫과 친구들은 우르르 방에 들어가 자리를 잡고 앉아 수프와 칠면조 고기를 맛있게 먹었고 랫이 고른 훌륭한 레드 와인도 실컷 들이켰다. 이어서 셰리주가 제대로 들어간 셰리 트라이플이

나왔다.

"와, 특별한데. 보통은 주방장이 케이크 위에 코르크 마개를 대고 흔드는 시늉만 하는데 말이야."

배저가 말했다. 토드와 몰은 트라이플을 한 접시 더 먹었다. 이어서 치즈와 커피가 나올 때쯤엔 다들 긴장이 풀리고 흡족했다. 토드가 담뱃갑에서 큼지막한 담배 하나를 꺼내려고 하자 배저가 매서운 눈초리로 토드를 쏘아보았다. 결국 토드는 손수건을 찾는 시늉을 하며 애먼 주머니만 뒤적거렸다.

"그래, 다들 앞으로 어떻게 할 생각이야?"

배저가 나긋나긋하게 물었다. 하지만 누구 하나 대답하는 이가 없었다. 체구가 작은 동물들은 계획을 세우는 편이 아니다. 계절의 변화에 따라 규칙과 리듬에 맞춰 살면 불안한 생각 따윈 들지 않고 편안한 법이다. 변화는 모험을 수반하며 모험은 위험을 불러오고 위험은 곧 위협을 의미한다.

그렇지만 다년간의 경험을 통해 변화가 이미 일어났고 어떤 모험이 기다리고 있든 간에 앞으로 나아가야 한다는 사실을 다들 알고 있었다. 게다가 철없던 행동을 버리고 어른이 되는 법을 배워가고 있었다. 그래서 서로에게 말은 하지 않았지만 각자 나름대로 계획을 세워놓았다.

"나부터 시작할까?"

늘 먼저 나서주는 몰이 물었다. 다들 이구동성으로 그러라고
했다.

"나는 몰 엔드로 돌아갈 거야. 거기서 식당을 차리려고 해."

뜻밖의 사실에 놀란 랫이 불쑥 내뱉었다.

"넌 토피(설탕, 당밀, 버터 등을 섞어 만든 사탕 과자—옮긴이)도 못 만
들잖아. 심지어 계란도 못 삶는 애가 무슨 식당을 한다고!"

"꺼져!"

몰이 혼잣말을 중얼거렸다. 그러곤 큰 소리로 말했다.

"내가 요리할 건 아니야. 훌륭한 주방장을 구했어. 오터네 아들
포틀리 기억나? 예전에 포틀리가 길을 잃었을 때 우리가 찾아줬
잖아. 걔가 벌써 어른이 됐는데 무슨 신의 축복을 받았는지 생선
요리를 아주 기가 막히게 해. 디저트도 진짜 끝내줘. 주특기는 빵
과 푸딩이야. 그래서 우리는 식당을 열고 이름을 '가리발디'라고
하려고 해."

"아! 기억났다. 그때 너희 집에 한 번 갔었잖아. 참 아늑하고 안
락한 곳이었어. 정원에 가리발디 흉상이 있었지, 참."

몰이 환하게 웃었다.

"맞아, 래티. 네가 기억해주다니 정말 기분 좋은걸. 그러면 정
원에 있던 다른 것들도 기억나? 조개껍질로 가장자리를 둘러놓
은 금붕어가 살던 연못이랑 사물이 반사되어 비치는 은빛 글래

스 볼도 있었잖아. 거기에 식당을 열 거거든. 오터가 돈을 댈 거야. 동업자가 되는 거지. 하지만 운영은 내가 하고 요리는 포틀리가 할 거야."

"그것 참 잘됐구나, 몰. 나도 자주 갈게. 난 굼벵이 요리가 정말 좋단다."

배저가 이런 말을 할 때면 매우 소박해 보였다. 토드가 말했다.

"나도 갈게. 정말 멋진 생각이야. 언제 여는데?"

"아마도 가을쯤. 너도 알다시피 그때쯤이면 동물들이 다들 말이 없어지고 행동도 느려지니까 몰 엔드 특유의 분위기를 즐길 수 있지 않을까 싶어."

"무슨 말인지 잘 알지."

배저는 몰의 집에서 풍기는 땅속 분위기를 좋아했다. 몰이 말했다.

"그리고 봄이 되면 소풍 바구니를 들고 나갈 거야. 차가운 혓바닥 차가운 햄 차가운 소고기 구이 거킨스 샐러드 프렌치 롤 물냉이순 샌드위치 말린 과일이 들어간 케이크 진저비어 레모네이드 소다수, 이것저것 넣어가지고, 알잖아."

랫은 몰이 어떻게 그런 생각을 했을까 궁금했다. 그러곤 둘이 처음 보트를 타고 나갔던 소풍을 떠올렸다. 하지만 아무 말도 하지 않았다.

몰이 갑자기 말을 멈췄다. 문득 그동안은 자신이 수줍음이 많아 주로 듣는 입장이었다는 생각이 들었다. 그런데 지금은 관심을 한 몸에 받으며 자신이 계획한 일들을 또박또박 흥미진진하게 이야기하고 있었다. 예전에 비해 강해지고 행복해진 기분이었다.

몰은 랫 쪽으로 몸을 기울이며 조용히 속삭였다.

"너도 올 거지, 래티?"

"당연하지, 몰리. 최고의 단골손님이 되어줄게."

랫이 환하게 웃었다. 몰이 몰 엔드의 집으로 돌아간다고 해도 둘의 우정은 영원할 거란 걸 몰과 랫은 알고 있었다.

"음, 래티, 넌 어때? 몰이 떠나고 나면 혼자 뭘 할 생각이야?"

랫은 침을 한 번 꿀꺽 삼켰다. 애초에 이렇게 어색한 순간이 올 거라는 걸 알고 있었다. 언젠간 맞닥뜨려야 했다. 랫은 친구들을 똑바로 쳐다보지 못하고 어중간한 곳을 바라보며 말했다.

"난 강둑 마을을 떠날 거야."

"뭐라고? 뭘 한다고?"

배저가 몹시 심각한 말투로 물었다.

"강둑 마을을 떠날 거야. 사실, 남쪽에 있는 잿빛 해안 도시로 이사할 생각이야. 항구 한쪽으로 절벽 마을이 있고 바위를 따라 석조 가옥과 정원이 펼쳐지는 작고 사랑스러운 곳이야."

그곳을 상상하며 묘사하는 랫의 목소리엔 힘이 넘쳤고 두 눈은 반짝거렸다.

"핑크빛 패랭이꽃으로 가득한 돌계단 아래로 푸른빛 물결이 눈부시게 빛나지. 항구엔 무수히 많은 작은 배들이 오래된 해안 방벽의 고리와 기둥에 묶여 있어. 그리고 작은 여객선이 하루도 빠짐없이 통통 소리를 내며 사람들을 일터로, 집으로 실어 가고 실어 와.

시내를 벗어나면 작은 새우를 잡을 수 있는 아름다운 해변이 펼쳐지고 바위에 걸터앉아 크림 티(스콘에 잼이나 진한 크림을 발라 홍차에 곁들여 먹는 오후 간식―옮긴이)를 주문해 먹을 수도 있어. 봄이면 절벽 꼭대기를 따라 길게 이어지는 숲과 오솔길에 마치 카펫을 깔아놓은 듯 앵초와 제비꽃이 흐드러지게 피고, 절벽 꼭대기에 올라 멀리 내다보면 전 세계를 누비는 배들이 새하얀 구름처럼 두둥실 떠오른 돛을 달고 항구를 드나드는 모습을 지켜볼 수 있어."

랫은 잠시 말을 멈췄다. 랫이 시 쓰기를 좋아한다는 거야 다들 알고 있었지만 이렇게 시를 읊듯이 말하는 것을 들어본 적은 처음이었다. 랫의 말에 친구들은 모두 넋을 잃었다.

"하지만, 우리 없이 혼자 외롭지 않겠어?"

토드가 조심스럽게 말했다.

"괜찮을 것 같아. 알고 지내던 친구가 있어. 이스탄불 출신의 바다를 돌아다니는 쥐인데 한동안 못 만났거든. 그런데 얼마 전에 남쪽 해안 도시에 있다며 같이 일해보지 않겠냐고 연락을 했더라고. '세계 여행자'라고 작은 서점을 차렸대. 여행 관련 서적을 다룬다고 나더러 운영을 좀 맡아달라지 뭐야. 서점 맞은편에는 교회도 있고 부두까지 걸어서 1분이래. 나는 서점 위층에 살 예정이야. 내가 사랑해 마지않는 강둑 마을이랑은 많이 다르겠지만 한번 잘해보려고."

"래티, 그런 생각을 하고 있을 줄은 꿈에도 몰랐어. 그런데 얘기를 듣다 보니 오래전에 네가 '남쪽에 가고' 싶어 안달했던 때가 생각났지 뭐야. 네 생각을 바꿔놓으려다 싸울 뻔했잖아. 남쪽 열병이 다시 도진 건 아니지?"

랫이 미소를 지어 보였다.

"아니야, 몰. 이번엔 좀 달라. 그때 기억이 계속 머릿속에서 맴도는 건 사실이야. 솔직히, 남쪽에 가고 싶다는 생각을 한 건 항해를 하던 그 친구, 알레산드로를 처음 만났을 때부터였어. 그리고 그 후로 내가 뭘 하고 싶은지, 남쪽으로 간다면 내 인생이 어떻게 달라질지 고민에 고민을 거듭해왔어. 넌 언제나 좋은 친구야, 몰. 하지만 난 남쪽으로 가고 싶어. 그리고…."

랫이 나지막이 속삭였다.

"책을 쓰려고 해."

"무슨 얘기를 쓸 건데?"

토드가 물었다.

"토드, 네 얘기를 쓸까 해. 배저 아저씨랑 몰리, 그리고 우리가 함께했던 온갖 모험 얘기들도. 어쩐 일인지 그 기억들은 마치 영화 속 장면들처럼 아주 생생하게 떠올라."

"제목은 뭐라고 할 거야?"

몰이 물었다.

"아직 모르겠어. '풀숲에 부는 바람'은 어때?"

"제목으로 별로야."

배저가 무시하듯 말했다.

"뭔가 사람들의 관심을 확 잡아끄는 그런 제목이어야 하지 않겠어? 이를테면 '보트와 오소리들' 어때? 훨씬 흥미진진하게 들리지 않니?"

"생각해볼게요. 말했지만 아직 결정한 건 아니에요. 책을 쓰게 된다면 그때 가서 생각해볼게요."

친구들에게 떠난다는 이야기를 하기가 힘들 거라고 생각했기에 랫은 몹시 떨리는 마음으로 말을 꺼냈다. 하지만 막상 시작하고 나니 그다지 어렵지 않았고 말하길 참 잘했구나 싶었다. 사실, 방 거울 앞에 서서 떨지 않고 씩씩하게 말할 수 있을 때까지 연습

하고 또 연습했다. 심지어 어느 부분에서 부드럽게 말하고 또 어느 부분에서 극적인 효과를 내기 위해 잠시 멈춰야 할지도 생각해두었다. 제법 능숙하게 잘했다. 그런데 너무 말을 잘해서 친구들이 휴가 때마다 찾아오게 만들면 안 되겠다고도 생각했다.

웨이터가 커피와 쿠키를 더 내왔고 다들 맛있게 먹었다. 토드와 몰은 랫에게 이것저것 묻기 시작했다. 그러자 배저가 안절부절못하고 회중시계를 계속 쳐다봤다. 배저가 물었다.

"너희들, 내가 앞으로 뭘 할지 궁금하진 않니?"

"당연히 궁금하죠. 그런데 몰과 랫의 계획이 워낙 놀랍고 흥미롭다 보니."

토드가 상냥하게 대답했다.

"그럼 내 계획은 놀랍지 않을 거라는 말이야?"

배저가 사납게 들이댔다.

"물론, 그건 아니죠. 계획이 어떻게 되세요?"

랫은 배저가 어린애처럼 군다고 생각했다. 하지만 몹시 궁금하다는 듯 배저를 바라봤다.

"그래, 좋아."

배저는 다소 누그러진 듯했다.

"자, 다들 잘 들어. 몰만큼이나 매우 중대한 발표니까."

마치 교장 선생님 훈화라도 듣는 것처럼 다들 조용해졌다.

"너희들도 알다시피 나는 오랫동안 지역 문제를 처리하느라 많은 시간을 할애해왔어. 와일드우드 숲에 사는 착하고 정직한 많은 동료들을 대표할 수 있어서 자랑스러웠지. 다뤄야 할 중요한 사안들이 한둘이 아니었어. 와일드우드 숲 주변으로 망할 놈의 방갈로를 짓겠다는 개발업자들을 몰아냈지. 그대로 뒀다간 우리 땅을 조금씩 잠식해버릴 게 뻔했다니까. 그뿐인 줄 알아? 토드, 너 같은 한심한 녀석들을 위해 숲을 가로질러 도로를 내자는 것도 막았어."

토드는 그건 예전 일이라고, 지금은 어디든 자전거를 타고 다닌다고 말하려 했지만 배저의 무서운 표정과 큰 목소리에 눌려 아무 말도 하지 못하고 미안하다는 표정만 지었다. 배저는 아랑곳하지 않고 말을 이어갔다. 그가 하는 말은 사실이었다. 배저는 로마제국의 총독이나 다름없었다. 와일드우드 숲에 사는 작은 동물들은 마을에 문제가 생기면 배저를 찾았고 그의 보호 아래 안전하다고 느꼈다.

배저는 교구 위원으로 선발되었고 뒤이어 와일드우드 숲 지역구 의원이 되었으며 숲과 숲에 사는 동물들을 위해 열심히 일했다. 젊은 시절엔 배저도 서툴렀을 것이다. 그러나 이제는 동물들이 삶과 생계를 이어온 생활 터전을 능숙하게 지키고 있다.

"내 철학은 언제나 말이야."

코끝에 걸친 반달 모양 안경 덕분에 한층 더 현명하고 권위 있어 보였다.

"하나의 국가, 즉 하나의 숲이 되어야 한다는 거야. 하나로 뭉쳐야지 뿔뿔이 흩어져선 안 돼. 숲이 주는 축복을 누려온 동물이라면 도움이 필요한 동물들에 대해 책임감을 가져야 해. 나는 우드랜드 병원을 세워 동물들을 도왔어. 그 덕분에 위원장이 되는 영광도 얻었지."

배저는 하던 말을 멈추고 박수갈채가 나오기를 기다렸지만 아무도 반응하지 않았다.

몰은 짜증이 났다. 누가 토리당원 아니랄까 봐 배저는 마치 선거공약을 늘어놓는 모양새였다.

'난 인정할 수 없어. 혹시 내가 도움을 필요로 하는 빈곤층이라고 생각하는 거야 뭐야? 따끔한 맛을 보여줘야겠어.'

하지만 배저는 몰이 끼어들 틈도 없이 바로 말을 이어갔다.

"개인의 자유는 법의 틀 안에서만 존재할 수 있어. 가난한 사람들에 대한 배려도 마찬가지지. 법을 어긴 사람들은 마땅히 처벌받아야 하고 죄를 졌으면 엄벌에 처해야 해."

그러자 토드가 창백해진 얼굴로 마치 넥타이가 목을 조여오기라도 하는 듯 넥타이를 만지작거렸다. 법정에 출두해 치안판사 앞에 섰던 일, 그리고 감옥에 갇혔던 일들이 떠올라 아직도 그를 괴롭혔다. 랫이 말했다.

"저기요, 아저씨. 말 좀 조심해주세요. 여기 누가 있는지 잊으셨어요?"

그 순간 배저가 말을 멈췄다. 배저가 잘난 척하고 거만하긴 하지만 따뜻하게 배려하는 모습을 보일 때도 있었다.

"토드, 너 들으라고 하는 말은 아니야. 아이고, 내가 생각이 짧았네. 내가 정신이 나갔지. 용서해라."

"괜찮아요. 그렇지만 아직은 그 얘기가 불편하긴 해요."

"그럼, 당연하지. 나는 항상 사회에 진 빚을 갚으려면 새사람이 되어 사회에 잘 적응해야 한다고 생각해왔어. 토드, 바로 너처럼 말이야."

배저의 친절하고 너그러운 말에 토드는 기분이 훨씬 나아져서 커피를 한 잔 더 따라 마셨다. 배저가 말을 이어갔다.

"내가 지역구 위원장으로 임명되었을 때, 그동안 여러 방면에서 동료 동물들을 위해 힘써온 것들이 드디어 결실을 맺은 것 같았어."

몰은 배저가 자신이 이룬 업적을 자랑스러워할 뿐만 아니라 자신의 활동과 지위에 대해서 절대 입 다물고 있을 사람이 아니라는 걸 알았다. 사실, 배저네 집의 짙은 녹색 대문에 붙어 있던 명패가 최근 들어 교체되었다. 예전에 숲에서 길을 잃고 헤매다가 초인종 바로 아래 있던 그 명패를 분명히 본 적 있었다. 그 자리에 새로 들어선 명패에는 반듯하고 큼지막한 글씨로 '치안판사 배저 씨'라고 새겨져 있었다.

슬슬 참을성이 바닥난 토드가 물었다.

"그 얘긴 지금 하고 계신 일을 계속할 거라는 말씀이죠?"

배저가 토드를 무섭게 쏘아봤다. 그러자 토드가 급하게 얼버무렸다.

"그게 잘못됐다는 게 아니라 봉사하는 삶, 지역사회에 대한 헌신, 그런 것들이 정말 중요하다고요."

몰이 키득거리자 랫이 정강이에 난 상처 부위를 세게 한 방 걸어찼고 그 바람에 몰은 웃음을 멈췄다.

"토드, 잘 들어. 내가 긴히 전달할 중요한 소식이 있다."

다들 귀를 쫑긋 세웠다. 그러자 배저가 몹시 진지한 얼굴로 말했다.

"다음 선거 때 하원의원 후보로 출마하라는 권유를 받았단다!"

그 순간 정적이 흘렀다. 하지만 곧 침묵을 깨고 다들 배저에게 다가가 악수를 하고 등을 두드리며 축하 인사를 건넸고 배저는 몹시 흡족해했다. 랫이 말했다.

"하원의원이 된 아저씨 모습이 눈에 선하네요. 연설은 또 얼마나 멋지게 하시겠어요. 아저씨는 성품도 대나무처럼 곧으신 데다 강둑 마을과 와일드우드 숲의 동물들을 진정으로 신경 쓰시는 분이죠."

배저와 정치적 입장은 달랐지만 몰은 사람을 볼 줄 알았다. 그가 대뜸 소리쳤다.

"자, 배저 아저씨를 위해 만세 삼창을 외치자고! 만세! 만세! 만세!"

배저는 친구들의 진심 어린 애정과 존경에 깊이 감동받아 늘 가지고 다니던 빨간색 면 손수건을 꺼내 눈물을 훔쳤다. 그러곤 훌륭한 하원의원이 되어 어떤 일을 할지 늘어놓고 자신의 출마는 당연한 소식이라느니 하며 수다를 떨었다. 배저는 봉투에 주소 적는 일 같은 걸 도와주면 고맙겠다고 말했다. 이야기가 차츰 잦아들고 어느새 친구들은 기대에 찬 얼굴로 토드를 바라봤다.

"토드, 네 계획은 뭐야? 어서 빨리 듣고 싶어. 틀림없이 끝내주겠지?"

가엾은 토드! 그 순간 토드는 두려움에 휩싸였다. 반짝이는 재치와 노래로 친구들을 즐겁게 해주던 때가 생각났기 때문이다. 하지만 그런 생각은 더 이상 하지 않기로 했다. 몇 년 전, 토드 홀을 되찾은 일을 축하하고자 연회를 연 적이 있었다. 그때처럼 무대에 올라 멋진 연설이나 유쾌한 목소리로 신나는 노래를 불러 친구들을 즐겁고 재미있게 해주고 싶었다.

그러나 지금은 그런 행동이 적절하지도 않을뿐더러 그렇게 하면 진심으로 하고 싶은 말을 제대로 전달할 수 없다고 생각했다. 인기 연예인 토드, 변장술의 대가, 도로 위의 무법자는 모두 지나간 일이었고 위험한 짓이었다. 그때마다 매번 눈물로 끝이 나거나 최악의 결과를 맞았다. 그때 연회에서도 토드는 엄격하고 비판적인 부모 같았던 배저가 화를 내고 싫어할까 봐 두려워 금세 겸손하고 착하게 행동했다.

이제 토드는 바보같이 굴지 않기로 했다. 교회학교에서 들었던 순교자 폴리카르포스 이야기가 생각났다. 신망이 두터웠으나 후대에 거의 기억되지 못한 폴리카르포스는 순교를 앞두고 '힘내라 폴리카르포스, 남자답게 행동해라!'라는 목소리를 들었다. 그래서 토드는 마음속으로 외쳤다.

'자, 힘을 내! 토드, 너답게 행동해야지!'

"이봐, 친구들."

토드는 작은 목소리로 힘주어 말했다.

"나는 내 인생에 엄청난 영향을 끼칠 몇 가지 계획을 세웠어. 너희들이 시시하다고 할지 모르겠지만 나 일자리를 구했어."

"뭐라고?"

배저가 깜짝 놀라 소리쳤다.

"네가 일을 하고 월급을 받겠다고?"

"네."

토드가 배저를 똑바로 쳐다보며 말했다.

"사실, 이미 시작했어요."

랫은 어쩔 줄 몰라 하며 속으로 생각했다.

'착한 토디가 우리를 놀라게 하는군!'

"그나저나 무슨 일인데? 정확히 무슨 일을 할 건데?"

랫이 물었다.

"부동산 관리 일을 해보려고. 다들 알다시피 내가 오랫동안 토드 홀을 관리해왔잖아. 마차나 자동차야 잠깐 빠졌던 거고."

토드는 몰을 진지하게 바라보려 했으나 저도 모르게 피식 웃음이 나와버렸다. 결국 토드와 몰은 한바탕 웃어젖혔고 랫과 배저도 따라 웃었다.

'좋았어, 처음으로 친구들이 나를 보고 비웃지 않고 나와 같이 웃어줬어.'

"친구들, 진지하게 말해서 농장을 관리하는 일이며 나무를 심고 베는 일이며 부동산과 관련해서 할 일이 한두 가지가 아니야. 그래서 아버지가 남겨주신 돈으로 다른 두 사람과 함께 부동산 사업을 해볼까 해. 내가 경험도 좀 있고 하니 리버사이드 주택단지나 시골 부지 같은 부동산 쪽은 잘할 수 있을 거야."

몰은 약간 속물 같다고 생각했다.

"그런 결정을 내리다니 정말 기쁘구나. 토드."

배저가 말을 꺼냈다.

"네 아버지도 몹시 좋아했을 거다. 그리 놀랄 일도 아닌걸. 아주 잘 결정했다."

토드는 배저의 말이 참으로 듣기 좋았다. 그러자 현실적인 랫이 물었다.

"회사 이름은 정했어?"

"'나이트와 토드와 프랭클리'라고 하려고. 런던에 사무실을 차릴 생각이야. 지금 스트랜드 거리에 사무실을 계약하려고 협상 중이야."

"지금 런던이라고 했니? 거긴 우리가 가본 적도 없고 심지어 언급한 적조차 없는 대도시잖아."

몰이 다소 미심쩍은 목소리로 물었다.

"걱정하지 마!"

토드가 씩씩하게 말했다.

"대도시를 놓고 이러쿵저러쿵 말들이 많은데 다 헛소리야. 물론 어렸을 때부터 작은 마을에만 살아서 대도시가 거대하고 무섭게 느껴질 수 있어. 하지만 너도 조금만 지내다 보면 그곳에서 자리를 잡을 수 있고 더 큰 일도 해낼 수 있을 거야. 런던에 가면 좀 더 독립적인 삶을 살 수 있을 것 같아. 확실히 기회도 더 많을

거고.'

'토드 말이 맞을지도 몰라. 그렇지만 나는 안 갈 거야. 난 강둑 마을을 잘 알고 마을도 나를 잘 알아. 강둑 마을이 좁은 세상이라서 오히려 난 더 좋아.'

몰은 생각했다.

"토드 홀은 그대로 둘 거지?"

랫이 물었다.

"아니, 이미 팔았어."

다들 기절초풍한 나머지 아무 말도 하지 못했다. 충격을 받은 배저가 물었다.

"뭘 했다고? 토드 홀을 팔았다고? 그들이 토드 홀을 어떻게 할지 알기나 하니? 토드 홀을 호텔이나, 아니면, 하느님 제발 그런 일은 없게 하소서! 이곳에 살면 안 되는 낯선 동물들을 데려다 동물원을 차릴 거라고."

"진정하세요, 아저씨."

토드가 그 상황에 능숙하게 대처했다.

"토드 홀을 경영대학으로 쓰겠다는 사업가들에게 팔았어요. 그리고 본관 건물은 건드리지 않기로 약속했고요…."

"당연히 그래야지. 그건 문화재 지정 건물이란 말이야."

배저가 끼어들었다.

"그래도 기숙사 건물이랑 다른 편의 시설들은 새로 지어야 할 거예요."

토드가 침착하게 말을 이었다.

"솔직히 말해서 짐을 덜었지 뭐야. 갈수록 유지비가 많이 들었거든. 서쪽 건물은 지붕을 새로 손봐야 했고 주방은 완전히 리모델링을 해야 했어."

"그럼 넌 어디에서 지낼 건데?"

"마을에 있는 교구 목사관을 사들였어. 너희들도 알 거야. 후기 빅토리아시대 양식으로 지은 꽤 괜찮은 집이야. 정원도 아담하니 관리하기 쉽고 골짜기 너머로 보이는 경치도 아름다워. 게다가 역이 가까워 런던으로 가는 기차를 타기도 편하고."

"일등석을 타고 다니겠지? 설마 또 몰래 숨어서 가진 않겠지."

랫이 살짝 비아냥거렸다.

"당연하지, 래티. 합법적인 방법으로 타야지. 이젠 세탁부인 척하지 않을 거야."

토드는 화가 났지만 웃으며 말했다.

"토드, 넌 항상 나를 놀라게 하는구나. 오래전 널 처음 만났을 때부터 참 재미있는 구석이 있는 데다 허풍이 좀 심하다고 생각했어. 온갖 우여곡절이 있었지만 그래도 참 재미있게 사는 것 같아. 나에 비하면 인생의 경험이란 경험은 다 해보는 것 같고. 그런데 도시에 살면 좀 지루하지 않겠어?"

몰이 말했다.

"몰, 넌 정말 예리한 구석이 있는 친구야! 예전 같으면 내가 차마 인정하지 못했던 것들을 말해주었어. 그동안 정말 많은 일들이 있었지. 자동차를 훔치질 않나, 감옥에서 탈출을 하질 않나, 변장의 달인이 되기도 했고 경찰을 따돌리기도 했고. 그래, 짜릿하고 재미있었어."

토드는 목소리가 점점 커지고 우쭐해지기 시작했다. 하지만 이내 정신을 차리고 흥분을 가라앉혔다. 그러곤 기침을 한 번 하고 계속 말을 이어갔다.

"마을 아마추어 오페라 동호회에 들어갔어. 이제는 현실에서 사고 치지 않고 무대에서 연기를 하며 즐길 거야. 그리고 겸손한 마음으로 오디션을 거쳐서 다음 작품에서 주연을 맡게 됐어."

"잘했다, 토디. 역시 우리의 오랜 친구다워."

친구들이 진심으로 기뻐하며 다 같이 환호성을 질렀다.

"무슨 역할인데?"

"해적 토드 역할이야. 해적 마크가 그려진 모자를 쓰고 줄무늬 셔츠를 입고 안대도 쓸 거야."

"극 중에서 네가 부르는 노래 한 곡만 불러줘, 제발, 응?"

몰이 애원하듯 말했다.

"그래, 토드. 해적 토드라니 내가 제일 좋아하는 희극 오페라 가운데 하나구나."

배저도 거들었다.

"좋아. 그런데 코러스 부분은 다 같이 불러줘야 해."

토드는 친구들이 조용해지기를 기다렸다가 노래를 시작했다. 맑고 아름다운 목소리로 영웅 흉내를 내며 아주 멋들어지게 불렀다. 한 소절이 끝날 때마다 친구들이 코러스를 노래했다.

토드: 나는 해적 토드라네.

친구들: 해적 토드 만세.

토드와 친구들: 해적 토드는 정말 끝내준다네.

다 같이 웃으며 노래를 불렀다. 노래에 완전히 빠져들어 1막 전곡을 다 부를 찰나 노크 소리가 났다. 문이 열리고 웨이터가 들어와 미안해하며 말했다.

"죄송합니다만 식사가 끝나셨을까요? 저희가 정리를 하고 다음 손님을 받아야 해서요."

랫이 시계를 보더니 6시가 다 된 것을 알고는 깜짝 놀랐다. 코트를 받아 걸치고 웨이터에게 고맙다는 인사를 건넨 뒤 밖으로 나와 청명한 저녁 공기를 마셨다.

호텔 밖에서 한참을 대기하고 있던 택시가 호텔 입구로 들어서자 몰과 배저가 먼저 택시에 올랐다. 택시 기사는 볼멘소리를 하려다가 배저를 보고는 꾹 참고 인사를 건넸다. 택시가 출발하자 몰이 창문 밖으로 손을 흔들었다. 랫은 지팡이를 돌리며 길을 따라 느긋하게 걸었다. 걸으며 남쪽 바닷가의 여름은 어떨지, 남쪽으로 이사를 하면 어떤 보트를 사서 항해를 나갈지 상상했다.

토드는 밴드로 바짓단을 묶고 코트 주머니에서 빵모자를 꺼내 각도를 맞춰 쓴 뒤 자전거에 올라타 토드 홀로 향했다. 머릿속이 온통 앞으로 할 일들로 가득했고 그지없이 흐뭇했다. 사업을 시작할 거라고 했을 때 친구들이 보인 반응과 특히 배저가 한 말이 떠올랐다.

'그렇게 나쁜 노인네는 아니었어. 내가 잘 대처하기도 했고.'

자신도 모르게 그동안 잊고 지냈던 노래를 흥얼거렸다. 가사가 새록새록 떠오르자 행복에 젖어 살포시 노래를 부르기 시작했다.

세상에는 위대한 영웅들이 많다네,

역사책에도 나오지.

하지만 토드 님의 명성에 비길 만한

이름은 없다네.

토드는 노래를 부르며 기쁨에 넘쳐 웃었다.

"재미있는걸. 꽤 괜찮은 가사야."

토드는 나머지 부분도 불러보기로 했다. 주위에 아무도 없는 것을 확인하고 이번엔 목청껏 불렀다. 노래가 끝날 즈음 토드 홀 진입로에 들어섰다. 숨은 가빴지만 행복했다.

옥스퍼드에 다니는 똑똑한 사람들은

모르는 게 없겠지.

하지만 똑똑한 토드 님에 비하면

절반에도 못 미친다네!

동물들이 노아의 방주에 앉아 울었지.

눈물이 억수같이 쏟아졌다네.

"저기 앞에 육지가 있다." 누가 말했을까?

그건 바로 용감한 토드 님!

군대가 길을 따라 행진하네.

모두 경례를 하네.

왕에게? 아님 요리사에게?

아니, 그건 바로 토드 님!

여왕이 시녀들과

창가에 앉아 바느질을 하다가

여왕이 소리쳤다네. "저 잘생긴 남자는 누구냐?"

시녀들이 대답했다네. "토드 님입니다."

옮긴이 김은영

이화여자대학교 영어교육과를 졸업하고 서울대학교 대학원에서 영어교육과 석사과정을 마쳤다. 현재 글밥 아카데미 수료 후 바른번역 소속 번역가로 활동 중이며, 옮긴 책으로《불편한 사람과 뻔뻔하게 대화하는 법》《고독의 창조적 기쁨》《실카의 여행》《포터링》《수이사이드 클럽》등이 있다.

나의 첫 심리상담

초판 1쇄 인쇄 2022년 4월 1일 **초판 1쇄 발행** 2022년 4월 13일

지은이 로버트 드 보드
옮긴이 김은영
펴낸이 이승현

편집2 본부장 박태근
W&G 팀장 류혜정
편집 남은경
디자인 김준영
표지 일러스트 신현아
교정교열 신지영

펴낸곳 ㈜위즈덤하우스 **출판등록** 2000년 5월 23일 제13-1071호
주소 서울특별시 마포구 양화로 19 합정오피스빌딩 17층
전화 02) 2179-5600 **홈페이지** www.wisdomhouse.co.kr

ISBN 979-11-6812-257-4 03180